Collection
PROFIL LITTÉRATURE
dirigée par Georges Décote

Série
PROFIL D'UNE ŒUVRE

Y0-BTO-231

Voyage au bout de la nuit (1932)

CÉLINE

**Résumé
Personnages
Thèmes**

BERNARD LALANDE
agrégé des lettres

HATIER

SOMMAIRE

Les numéros des pages entre parenthèses renvoient à l'édition de *Voyage au bout de la nuit* dans la collection Folio.

© HATIER, PARIS 1991   ISSN 0750-2516   ISBN 2-218-**03541**-3

Introduction

■■■■■ LE DÉCOR

Le pèlerin qui cherche la dernière maison habitée par Céline à Meudon descend la route des Gardes qui est l'ancienne chaussée royale de Paris à Versailles. Cette demeure n'est pas située directement au bord du trottoir, mais sur une contre-allée en terrasse, parallèle à la route. Lucette Almanzor, la veuve de l'écrivain, ne donne plus de leçons de danse. La boîte aux lettres porte l'indication : « Lucette Destouches ». Destouches était le vrai nom de famille de Céline. Cependant la note célinienne, c'est, à côté de la boîte, sous un scotch antique au point qu'il n'est plus translucide, le nom de DESTOUCHES soigneusement écrit en gros caractères sur une bande de papier. D'ailleurs, le portail n'est pas un portail bourgeois, mais une grille coulissante bleu de roi, comme on en voit à la clôture des entrepôts. Tout est ouvert. Rien de ce qui touche à Céline ne sera jamais tout à fait conforme au bon usage.

Voici donc la villa où est mort Céline. Légèrement délabrée, c'est une bâtisse cossue du siècle dernier, sans style ; dans la façade ont été percées de grandes baies modernes, sans style non plus, mais dont l'absence de style parvient à jurer avec l'absence de style de l'ensemble ; ce serait une conséquence de l'incendie qui a ravagé l'immeuble en 1968.

■■■■■ L'HOMME CÉLINE

Toute sa vie, Céline s'est efforcé d'être un homme, un médecin, un écrivain qui ressemblerait à tous les hommes, à tous les médecins, à tous les écrivains ; il n'y est jamais arrivé. Telle qu'elle est, sa maison est restée vraiment sa maison : elle ne ressemble à aucun autre pavillon de banlieue. Cette singularité, qui amuse dans l'aspect d'une habitation, a fait le tourment de Céline, si l'on ne considère en lui que le Dr Destouches. Elle est comme le premier signe extérieur de son génie.

Au cimetière de Meudon, sur la dalle funéraire, sont gravées une croix et la silhouette d'un voilier. Céline ne croyait ni à Dieu ni à diable et n'a guère navigué, semble-t-il, que sur la Seine ou, en mer, à bord de paquebots. Pourtant, le choix de ces deux symboles est excellent. La croix, c'est la fidélité de notre auteur au souvenir des femmes de sa famille et à leur probable foi religieuse. Le navire, c'est le rêve du voyageur de la nuit devant les grands espaces et les ports d'où l'on partira pour de lointaines aventures.

■■■■■ UNE ŒUVRE INIMITABLE

Scandaleuse et insolite, inimitable, l'œuvre de Céline, malgré le silence que les uns et les autres observent encore sur elle, a pris peu à peu sa place : presque tous s'accordent à penser que Céline est, avec Proust et Colette, le plus grand romancier français du premier demi-siècle. Dans l'histoire de notre littérature, voire de notre civilisation, la publication de *Voyage au bout de la nuit* a été un événement. Ce que Céline apportait de nouveau en 1932 n'a d'ailleurs pas été éphémère : en rompant avec toute une tradition du roman, il a permis le développement du genre vingt ans après, en 1950. Par conséquent, si aujourd'hui nous risquons d'ignorer l'originalité du *Voyage*, ce n'est pas parce que cette originalité serait petite, c'est parce que les inventions de Céline sont devenues le pain quotidien de la littérature.

Il n'en reste pas moins qu'un roman de Céline a besoin encore aujourd'hui d'une introduction. Beaucoup de lecteurs sont rebutés, et parfois très légitimement. Les uns sont choqués par le pessimisme de notre auteur, par son langage, par son mépris de tout ce qui n'est pas réalité physique. D'autres ne pouvant lui pardonner son racisme, voire des opinions politiques beaucoup moins certaines, lui refusent leur admiration. Bref, le plus souvent, il arrive ceci : ceux qui ont eu plaisir à lire *Voyage au bout de la nuit* ou *Mort à crédit* sont pris de remords pour s'être laissé éblouir. Je voudrais essayer de montrer que ces remords sont sans raison. Au-delà des obstacles accumulés devant notre approche, il nous faut savoir reconnaître la grandeur bouleversante du récit que nous allons essayer de lire ensemble.

1 Approche de Céline

▬▬▬▬ BIOGRAPHIE DE CÉLINE

1894 : Louis-Ferdinand-Auguste Destouches naît à Courbevoie (Hauts-de-Seine), fils de Ferdinand-Auguste et de Marguerite-Louise-Céline, née Guillou.

Les Destouches avaient des prétentions à la culture parce que le grand-père de l'écrivain avait été professeur agrégé. Mais son père qui n'était même pas bachelier est resté toute sa vie un employé subalterne dans une compagnie d'assurances. Sa mère, issue d'une lignée de petits commerçants, avait un peu d'argent. Marguerite Destouches tient boutique de dentelles près de l'Opéra à Paris. La famille loge au-dessus du magasin. On peut utiliser *Mort à crédit* pour se figurer l'enfance et l'adolescence de Céline. Le père était sans doute un énergumène aigri et antisémite. Le couple criait misère par besoin de paraître, mais il avait les moyens de vivre décemment.

1904 : Mort de la grand-mère Guillou. Son prénom servira de pseudonyme à l'écrivain.

1907 : Certificat d'études primaires. Ses parents veulent faire de lui un commerçant formé par la pratique et la connaissance de langues étrangères.

1907-1910 : Séjours en Allemagne, puis en Angleterre.

1910-1912 : En apprentissage dans diverses maisons de commerce à Paris et à Nice. Premières aventures féminines.

1912 : Engagement pour 3 ans au 12ᵉ régiment de Cuirassiers. Il semble que le jeune homme ait eu besoin d'être dégagé de ses obligations militaires pour avoir une situation dans la bijouterie qui l'employait déjà. En outre, son père se voyait débarrassé des soucis que lui donnaient les histoires de femmes de Louis-Ferdinand. Le jeune homme souffrira de la vie à la caserne.

1914 : A Poelkapelle, près de la frontière belge, le maréchal des logis Destouches, en mission de liaison, est blessé au bras droit. Il recevra la médaille militaire et, sur la couverture de *L'Illustré national*, un dessin épique représentera son exploit. Auparavant, il avait été traumatisé par l'explosion toute proche d'un obus. Il sera toute sa vie sujet à des maux d'oreilles et à des vertiges. Est-il vrai qu'il ait fait un enfant à son infirmière ?

1915 : Après trois mois de convalescence à Paris, Louis-Ferdinand est muté à Londres, au bureau des passeports du consulat, où il verra défiler toute sorte de gens. Sa passion pour la danse est dès cette époque attestée.

1916 : Mariage avec une entraîneuse, Suzanne Nebout. L'acte ne sera jamais enregistré au consulat de France. Période volontairement obscurcie par Céline. Ayant été réformé, il part pour le Cameroun, comme agent de la Compagnie forestière Sangha-Oubangui. Peut-être premiers essais littéraires.

1917 : Autorisé à rentrer en France pour raison de santé.

1917-1918 : A Paris. Vagues petits métiers. Rencontre d'Henry de Graffigny (de son vrai nom Raoul Marquis), modèle du Roger-Marin Courtial des Péreires dans *Mort à crédit*.

1918 : En Bretagne avec la mission Rockefeller pour la prévention de la tuberculose.

1919 : 1re et 2e parties du baccalauréat. Mariage avec Édith Pollet, fille d'un professeur de médecine.

1920 : Naissance de la fille de Céline, Colette.

1920-1924 : Études de médecine. Thèse sur la *Vie et l'œuvre de Philippe-Ignace Semmelweis*.

1924 : Médecin de la Section d'hygiène de la SDN. A ce titre, fera divers voyages, dont l'un aux États-Unis en 1925.

1926 : Divorce. Rencontre en Suisse d'une danseuse américaine, Élisabeth Craig. Il écrit *L'Église*. La rédaction de *Voyage au bout de la nuit* est peut-être commencée.

1928 : Ouvre un cabinet de médecine générale à Clichy, dans la banlieue de Paris. Élisabeth Craig habite avec lui.

1929 : Renonce à la clientèle privée. Devient médecin au dispensaire de Clichy. Habite à Montmartre, rue Lepic.

1932 : Mort du père de l'écrivain. Publication chez Denoël et Steele de *Voyage au bout de la nuit*. A la dernière minute, un revirement inattendu du jury ôte le prix Goncourt à Céline. Le *Voyage* aura le prix Renaudot. Dernière mission du docteur Destouches pour la SDN.

1933 : Élisabeth Craig, sans doute lassée par le caractère de Céline depuis qu'il écrit, retourne aux États-Unis. Elle s'y marie. Céline commence *Mort à crédit*.

1934 : Voyage aux États-Unis. Élisabeth Craig refuse de revenir vers lui. Première rencontre avec Karen Marie Jensen.

1936 : Rencontre de Lucette Almanzor, danseuse professionnelle. Publication de *Mort à crédit*, sans grand succès. Voyage à Leningrad. Il dira sa désillusion dans *Mea culpa* qui lui révèle son talent de pamphlétaire. Premier argument de ballet, *La naissance d'une fée*.

1937 : Céline publie le premier de ses pamphlets antisémites, *Bagatelles pour un massacre*. Le maire de Clichy prie Céline de démissionner du dispensaire municipal.

1938 : Publication de *L'École des cadavres*. Céline dépose de l'or dans un coffre au Danemark.

1939 : Céline habite Saint-Germain-en-Laye (Yvelines), puis chez sa mère, à Paris. *L'École des cadavres* est interdite. Pendant la guerre, Céline sert comme médecin à bord d'un paquebot armé.

1940 : Ce bateau ayant été coulé, Céline est nommé au dispensaire de Sartrouville (Yvelines). C'est de là qu'il partira en mai, au milieu de l'exode des populations fuyant les Allemands. En octobre, il regagne Paris et deviendra médecin-chef du dispensaire de Bezons (Val-d'Oise).

1941 : Céline et Lucette Almanzor s'installent rue Girardon à Montmartre. Publication des *Beaux draps*, ouvrage qui est interdit par le gouvernement de Vichy. (Pour l'attitude complexe de Céline sous l'Occupation, cf. F. Gibault, *Céline*, 2e partie, p. 237-304).

1942 : Réformé définitivement. Céline fait partie d'un groupe de médecins français invités à visiter les hôpitaux de Berlin. Pour lui, il s'agit surtout de revoir la Danoise Karen Jensen, gardienne de l'or qu'il a déposé dans une banque de Copenhague. Bombardement des usines Renault à Billancourt. Mariage de la fille de Céline ; il se brouille avec elle. Adoption du chat Bébert.

1943 : Mariage avec Lucette Almanzor.

1944 : Publication de *Guignol's Band I*. En juillet, les Destouches quittent la France. Céline risquait vraiment d'être exécuté par des Résistants. Le but du voyage était Copenhague où le couple trouverait à se loger et l'argent nécessaire pour y vivre. Mais il fallait passer par l'Allemagne : Baden-Baden, Berlin, Kraezlin, Sigmaringen. (On trouvera un aperçu des rapports de Céline avec les Allemands et les réfugiés français dans F. Gibault, *op. cit.*, 3ᵉ partie, p. 17 à 60).

1945 : Les Allemands donnent l'autorisation aux Destouches de se rendre au Danemark. Ils arrivent fin mars à Copenhague. L'avocat Thorvald Mikkelsen prend en main leurs intérêts. Céline apprend la mort de sa mère. En avril, il est l'objet d'un mandat d'arrêt de la justice française. En juin, les Allemands quittent le Danemark. En décembre, les Destouches sont incarcérés. Lucette Destouches sera libérée au bout de deux mois.

1947 : Céline sort de prison en février et est relaxé complètement en juin. Il se remet à écrire. Pendant son séjour au Danemark, outre 3 ou 4 000 lettres, il achèvera *Guignol's Band II*, commencé à Paris. Il rédigera *Foudres et flèches*, *Féerie pour une autre fois*. Il rompt avec les éditions Denoël.

1948 : Céline et sa femme vont se loger dans une chaumière à Korsør au bord du Grand Belt. Un fragment de *Casse-pipe* est publié dans les *Cahiers de la Pléiade*.

1948-1950 : La publication des œuvres de Céline reprend en France : *Voyage au bout de la nuit, Mort à crédit, Scandale aux abysses*.

1950 : Céline est condamné par contumace à un an de prison.

1951 : Il bénéficie de la loi d'amnistie. Il rentre en France avec sa femme. Ils s'installent bientôt à Meudon, près de Paris, route des Gardes. Lucette Almanzor reprend ses cours de danse. Céline signe avec Gallimard un contrat d'édition avantageux dans l'immédiat. Il restera débiteur jusqu'à sa mort.

1952 : Publication de *Féerie pour une autre fois*.

1953 : Céline se réinscrit à l'Ordre des médecins.

1954 : Publication de *Normance* et des *Entretiens avec le professeur Y*.

1957 : Publication de *D'un château l'autre*.

1959 : Céline cesse d'exercer la médecine.

1960 : Publication de *Nord*.

1961 : Céline meurt le 1er juillet, ayant annoncé la veille que son dernier roman, *Rigodon*, est achevé.

▬▬▬ LE Dr DESTOUCHES ET LOUIS-FERDINAND CÉLINE

Avant d'aborder les difficultés de l'œuvre elle-même, nous avons à éviter quelques pièges. Le premier que nous rencontrons sur notre chemin vers les romans de Louis-Ferdinand Céline, c'est Louis-Ferdinand-Auguste Destouches. Or nous risquons d'être abusés, non seulement parce que tous les romans de Céline sont à la première personne, mais surtout parce que les faits n'y sont jamais inventés : toutes les fictions y sont calquées sur les événements de la vie du Dr Destouches. Ainsi sont nées des légendes qu'ensuite Céline, peut-être aidé par son éditeur Denoël, a malignement accréditées. Il a fallu attendre la mort de l'écrivain pour apprendre qu'il n'avait jamais été trépané, ou qu'il s'était marié une première fois en Angleterre en 1916, en sorte qu'il a dû être bigame presque toute sa vie. Notons en passant qu'il est beau, en plein XXe siècle, de tromper les biographes les plus scrupuleux et de faire fleurir à côté de soi un Louis Destouches aussi fabuleux que Thésée ou qu'Agamemnon.

Réel et imaginaire

Mais cette intrication du réel et de l'imaginaire va plus loin encore. Dans le cas de Céline, les rapports de l'homme avec l'écrivain et son œuvre sont assez inhabituels. Un homme qui écrivait, au temps de Céline, tendait à dévoiler aux yeux d'autrui une part de la réalité. Mais, ce faisant, il se plaçait à un point de vue privilégié par rapport au monde, puisqu'il prétendait justement montrer à ses futurs lecteurs ce qui leur avait échappé. Il n'était plus comme tout un chacun, il n'était plus l'homme qu'il avait été avant d'écrire, car c'était aussi à ses propres yeux qu'il avait dévoilé la réalité.

Aujourd'hui, même après la mort du Nouveau Roman, il est vrai, les écrivains ne conçoivent plus l'écriture de la même manière — et il serait trop long de dire pourquoi et comment —, mais le résultat demeure. Celui qui écrit sent surgir en lui, à côté de l'homme qu'il était, un être nouveau, l'écrivain. Céline n'a jamais pu accepter ce dédoublement de soi. Louis Destouches, en commençant son roman, a dû croire assez naïvement qu'il allait dire ce qu'il avait à dire. Comme il s'apercevait qu'au fil des pages il devenait un autre, il lui a semblé sans doute qu'il était infidèle à lui-même et, par-delà, à ceux au nom de qui il voulait parler ; il a dû craindre qu'il ne lui fût dès lors impossible de délivrer son « message ». Au moins est-ce ainsi que j'explique la mauvaise foi de Céline homme de Lettres. Il a toujours proclamé qu'écrire est une sorte d'épiphénomène sans importance, et que son métier était la médecine ; après la Seconde Guerre mondiale, il répétera qu'il n'écrit que pour gagner de l'argent puisqu'il ne peut plus exercer son métier, faute de clientèle. Tout cela semble prouver que Céline refusait de se considérer comme un écrivain.

Écrire et vivre

Cependant, par une démarche contraire, Céline, à partir du moment où sa première œuvre a été publiée, a cherché désespérément à mettre en accord sa vie avec ses écrits. Autrefois, Jean-Jacques Rousseau avait eu la même impossible exigence. Tandis que, dans les œuvres de Céline, Ferdinand Bardamu glisse vers Ferdinand, puis vers Céline et enfin vers le Dr Destouches, comme si le romancier essayait de se récupérer[1] : le personnage de Ferdinand Bardamu ronge lentement son créateur. Les curieux qui étaient allés à Médan en 1933 pour voir le monstre que ne pouvait manquer d'être l'auteur de *Voyage au bout de la nuit* avaient été déçus, car ils avaient trouvé un grand garçon habillé comme tout le monde, et même élégamment ; d'ailleurs nous savons maintenant que l'appartement qu'il habitait rue Lepic était bourgeoisement tenu, sans désordre ni bohème. Vingt ans plus tard Céline était devenu un vieil homme loqueteux et mal rasé,

---

1. Ph. Almeras, *L'onomastique caricaturale de Louis-Ferdinand Céline*, in *Revue internationale d'onomastique* (juillet 1971, p. 161-179).

vivant parmi les assiettes sales de ses repas précédents ; il s'était transformé en une sorte de Christ pitoyable de la mauvaise foi et des préjugés petits-bourgeois, justement ce qu'avait escompté le public de 1933. Bref, je crois que Céline n'a jamais pu résoudre les problèmes que pose la nécessité, pour un romancier, de vivre et d'écrire simultanément.

Pour nous, lecteurs, trop souvent, parce que nous avons entendu parler du Dr Destouches, notre vue est brouillée par l'ombre de ce personnage projetée sur le texte. Nous risquons tous de faire d'énormes contresens si nous n'oublions pas, en ouvrant un livre signé Céline, l'homme honnête, menteur, compatissant, cynique, fidèle, malveillant — on n'en finirait pas d'entasser les adjectifs contradictoires.

En outre, notre auteur a peut-être été fasciste, et sûrement antisémite.

2 Voyage au bout de la nuit en son temps

Céline a-t-il été fasciste ? C'est difficile à dire, tant ce que nous pouvons connaître des agissements du Dr Destouches, notamment pendant la Seconde Guerre mondiale, est contradictoire. Il me semble, tout compte fait, que ses déclarations les plus fracassantes en faveur d'Hitler doivent être interprétées avec précaution.

Louis Destouches, pour employer une distinction grossière mais commode dans le paysage politique français, a été un homme nettement engagé à droite. En 1912, un engagement volontaire dans les cuirassiers signifiait quelque chose. Aujourd'hui, considérer que les pitoyables victimes de l'histoire sont Louis XVI ou les épurés de la Libération, à l'exclusion de tous autres, cela implique un choix analogue. En 1932, les contemporains eux-mêmes n'ont pas su de quel bord était ce nouveau venu. Le monarchiste Léon Daudet a été pris pour le *Voyage* d'un enthousiasme égal à celui du communiste Aragon et d'Elsa Triolet. Pour nous, il est nécessaire de replacer le roman en son temps pour entrevoir quel sens probable l'écrivain lui donnait.

CE QUE CÉLINE A REFUSÉ DE VOIR

Curieusement, Céline ne parle guère que de ce qui n'a pas changé après la guerre de 1914. Or, ce qui change alors en France, ce sont d'abord les choses : le pays entre dans l'ère de l'électricité et du pétrole. Mais il n'y a pas de choses dans le *Voyage* ; on n'y trouve que des hommes et des femmes. Et s'il est question d'un fleuve qui coule, ce n'est pas un fleuve, c'est un thème de rêverie. Il est remarquable que soixante ans plus tard le décor et les accessoires du roman ne nous donnent jamais un sentiment d'anachronisme : une auto est toujours une auto. L'objet, dans l'œuvre de Céline, n'est jamais décrit, il est seulement nommé : un pavillon de rentier, un immeuble locatif, un bec de gaz, un poêle qui fume dans le couloir d'en bas (p. 315). L'allusion suffit à Céline puisque seul importe l'usage que les êtres humains font de tout cela. Il est donc inutile, pour situer le *Voyage* en son temps, de décrire les formes éphémères des voitures et des maisons.

Ce qui change aussi en France après la Première Guerre mondiale, c'est la condition ouvrière. Or, les travailleurs manuels des villes ne sont que des figurants dans *Voyage au bout de la nuit*, quelques silhouettes et une foule indistincte, sur lesquelles nous aurons à nous expliquer ailleurs. On peut aborder Céline sans connaître précisément l'évolution de la classe ouvrière de 1920 à 1930.

Nous allons également passer vite sur deux autres catégories sociales, les paysans et les grands bourgeois, bien que ces gens ne se transforment guère dans les années qui nous intéressent. Ils ne figurent pas dans le *Voyage*. Les paysans sont éliminés parce que Céline ne parle que de la vie urbaine. On trouvera dans le texte des déclarations de Bardamu sur l'horreur qu'il éprouve dans la campagne, et même au Bois de Boulogne avec ses bosquets policés. Bardamu n'a jamais regardé par la portière d'un wagon ni par le hublot d'un navire, et quand, au début de la guerre, il a été contraint de parcourir la Flandre à cheval, il semble ne l'avoir fait que par des nuits sans lune.

Quant à la grande bourgeoisie, le lecteur du *Voyage* voit passer quelques silhouettes d'officiers, de médecins et d'infirmières bénévoles ainsi que les hôtes de la péniche du peintre riche, tous plus ou moins durement caricaturés. Qu'importe alors l'histoire du Tout-Paris pendant les « années folles » et le début de la « crise » ? Nulle allusion sous la plume de Céline aux peintres de l'École de Paris, aux musiciens du Groupe des six, aux surréalistes ou aux caciques de la N.R.F., Gide, Claudel, Valéry. La bonne société, ses artistes et ses écrivains n'intéressent pas l'auteur de *Voyage au bout de la nuit*.

■■■■■ LA PETITE BOURGEOISIE

Voyage au bout de la nuit est le roman de la petite bourgeoisie française de 1912 à 1932.

Il va sans dire que le lecteur du *Voyage* est d'abord invité à haïr la guerre. Or, les petites gens des villes, si cocardiers qu'ils aient été depuis le début du siècle jusqu'au traité de paix en 1919, commencent tout de suite après l'armistice à se demander si l'énorme massacre était justifié. Passé la grande fièvre patriotique, le menu peuple compte ses tués, ses blessés, ses malades, ses infirmes. En outre, il doit s'avouer que la victoire ne lui ramène pas la condition matérielle d'avant-guerre : les économies qu'on avait faites sont anéanties, et le coût de la vie augmente plus vite que le traitement ou le salaire mensuel. Tant de souffrances, tant de sacrifices ne trouvent aucune récompense. La petite bourgeoisie se laisse charmer par Briand qui lui promet la paix universelle et perpétuelle, et qui réellement travaille à empêcher un nouveau conflit européen. Et Céline fait de la guerre, au début de son roman, le tableau que l'on sait.

A ces deuils, à cette désillusion s'ajoute le sentiment d'un abaissement relatif dans la hiérarchie sociale. Un fossé se creuse entre la grande et la petite bourgeoisie. Les riches ne paraissent pas moins riches qu'avant-guerre. Non seulement la petite bourgeoisie pense qu'elle est seule à avoir été ruinée par le cataclysme, mais elle devine que les maîtres du pays s'éloignent d'elle d'une autre manière. En ces années les capitaux se concentrent au sein de quelques puissantes banques. Désormais le petit bourgeois, qui s'était figuré à la fin du XIXe siècle qu'il lui était possible de se hisser jusqu'au-dessus du panier, sait que cela n'arrivera jamais. Le monde où se meut Bardamu est un monde clos, sans issue, sans autre communication avec ses maîtres inconnus que les ordres cruels d'aller travailler ou, en cas de guerre, d'aller se faire tuer (p. 304-305 et p. 18).

Le petit bourgeois n'est pas moins amer quand il considère les ouvriers qu'il avait tant méprisés au XIXe siècle. Ce qui avait fait le privilège de la bourgeoisie, petite ou grande, c'était la sécurité, « la divine sécurité », comme dit Céline (p. 507). L'inflation a anéanti cette sécurité. Pour diverses raisons, il était alors permis de se demander si le prolétariat n'allait pas atteindre dans cet après-guerre une condition plus stable que celle du petit rentier. Hypothèse scandaleuse, perspective révoltante. Le *Voyage* peint impitoyablement l'aigreur et la méfiance de ces malheureux sur le chemin de la déchéance : le portrait des époux Henrouille (p. 315 *sqq.*), par exemple. Dans le même ordre d'idées, je suis frappé par la concordance des allusions au prolétariat dans notre roman. Il s'agit surtout de l'ouvrier qui éprouve l'insécurité de son sort : c'est l'homme, « blessé du travail, qui ne sait plus quoi faire et quoi penser » (p. 306-307), c'est la « lente angoisse du renvoi sans musique » (p. 306). Voilà le souci par lequel ouvriers et petits bourgeois d'après-guerre se sentent fraternels. Du monde ouvrier. Céline ne trouve presque rien d'autre à dire.

L'histoire politique de l'entre-deux-guerres est dominée en France par une certaine prise de conscience de la petite bourgeoisie. Céline le dit expressément : « Vous savez, avant la guerre, on était tous encore bien plus ignorants et plus fats qu'aujourd'hui. On ne savait presque rien des choses du monde en général, enfin des inconscients... » (p. 104). Bien que la conclusion que Céline en tire soit autre, nous qui voyons de plus loin ces années qui vont de 1920 à 1940, nous pouvons traduire sans trop forcer le texte : la petite bourgeoisie incline alors à admettre l'idée d'une lutte des classes, et elle s'y voit parmi les vaincus. Tout de suite après la conclusion de la paix, les leaders radicaux-socialistes, qui représentent au Parlement les petits bourgeois, vont préconiser l'alliance avec les socialistes, voire les communistes, et leurs électeurs ratifieront ce choix, ils voteront « à gauche ».

▬▬▬ LE CHOIX POLITIQUE DE CÉLINE

Quant au choix politique fondamental, à mon avis, Céline en écrivant son premier roman a opté comme la petite bourgeoisie d'alors à la croisée des chemins. Nous voici enfin arrivés au point où nous pouvons tenter de répondre à la question de savoir si l'auteur de *Voyage au bout de la nuit* a été un écrivain de gauche ou un écrivain de droite.

Adoption d'une langue populaire

C'est en décidant d'adopter cette langue populaire qui est celle de toute son œuvre que Céline a montré clairement qu'il rompait avec la grande bourgeoisie et qu'il se référait, non à la civilisation des Académies et de l'Université, mais à celle du menu peuple, salariés, petits rentiers, petits commerçants, etc. Ce qui est probant, dans le cas d'un écrivain, ce ne sont pas les idéologies auxquelles il est censé avoir souscrit, c'est son langage. Pour comprendre l'entreprise de Céline, on peut l'opposer à celle d'Aragon. Le jeu du communiste Aragon a tendu à mettre au service du prolétariat la langue la plus savante et la plus pure de la noblesse et de la bourgeoisie françaises. Céline s'est engagé dans une direction exactement contraire : il s'agissait pour lui de donner une valeur esthétique à la langue populaire en tant que telle. Céline ne s'est jamais départi de ce choix. A la fin de sa vie, quand le mot « Chinois » signifiait pour lui « révolutionnaire véritable », il affirmait que seuls les Chinois étaient capables de créer une langue littéraire vivante, issue du langage du peuple.

Fidélité à une classe sociale

Au bout du compte, il est vain de juger Céline sur les idéologies dont il se réclame plus ou moins tour à tour. Louis-Ferdinand Destouches était un petit bourgeois qui a mis son point d'honneur à rester fidèle à la classe sociale de son père et de sa mère. Je ne vois pas que la petite bourgeoisie française, pendant la vie de Céline, ait eu d'idéologie propre ; elle n'a été vraiment ni fasciste ou nationale-socialiste, ni marxiste ; elle n'a eu qu'un sens aigu de ses intérêts et de la nécessité de se défendre pour survivre en tant que petite bourgeoisie ; elle a oscillé entre la droite et la gauche selon ses craintes de ce qu'elle croyait être le danger immédiat. Demander à Céline d'écrire, comme il l'a fait, l'*Iliade* et l'*Odyssée* de la classe moyenne, vue de l'intérieur, par l'un des siens, d'une part, et d'autre part lui demander de choisir entre la droite et la gauche, c'est absurde.

Cependant nous touchons sans doute à la principale cause du malheur de Céline. Il a donc voulu donner une littérature à la catégorie sociale où il était né. Or dans les années qui nous occupent, de 1920 à 1940, faisant contraste avec l'éclat exceptionnel de la « grande » littérature, de la « grande » musique, de la « grande » peinture à Paris, tout ce qui tente de répondre aux besoins populaires d'art et de poésie se réduit aux plus bas divertissements. D'ailleurs dès qu'un chanteur, par exemple, a quelque talent et quelque tempérament, il « réussit », comme on dit, c'est-à-dire qu'il passe dans les music-halls chers et qu'il échappe presque complètement à son public naturel ; je pense à Maurice Chevalier. Céline, qui aimait l'accordéon, a lui aussi franchi la ligne. Il a offert à Gallimard et à Denoël son roman. Il a manqué de peu le prix

Goncourt et a obtenu le prix Théophraste Renaudot. Il a prononcé à Médan une allocution sur Zola. Il a collaboré à diverses manifestations littéraires. En un mot, il est entré dans la République des Lettres.

Il est devenu un écrivain comme les autres, dans l'orbite de la culture des classes dirigeantes, hors du domaine de la culture populaire. Quand la griserie des premiers succès sera dissipée, Céline s'apercevra qu'on lui fait place tout doucement dans le monde civilisé ; des propos comme ceux de Thibaudet félicitant M. Céline d'avoir rendu littéraire « quelque chose qui ne l'était pas avant lui » lui donneront probablement à penser. La grandeur de Céline, c'est aussi la conscience de son échec et le remords à l'idée que Louis-Ferdinand Destouches a trahi.

Refus d'une récupération

Que faire ? Après *Mort à crédit*, Céline a cru nécessaire de rompre avec les gens de Lettres, et, puisque c'était de ce côté qu'en somme on lui était le plus favorable, avec les gens de Lettres de gauche. Pour cela, un pamphlet antisoviétique ne suffisait pas ; après tout, la lecture de *Mea culpa* ne causait aucun déplaisir à beaucoup de socialistes ; seule l'extrême gauche était choquée. Mais l'antisémitisme serait à coup sûr plus efficace. En ces temps de l'ascension de Hitler, seule la gauche était unanimement antiraciste ; c'était peut-être l'unique point sur lequel elle était d'accord. En publiant *Bagatelles pour un massacre*, Céline a-t-il pensé qu'il rentrerait ainsi dans la solitude, c'est-à-dire dans la foule de ceux qui ne sont pas « arrivés », et qu'il redeviendrait fidèle aux boutiquiers du passage Choiseul parmi lesquels il avait grandi ? Il ne faut évidemment pas voir ici la cause de son antisémitisme. Disons seulement qu'il a peut-être trouvé là un moyen d'échapper à la qualification qui lui faisait horreur, à savoir d'être compté au nombre des écrivains, de gauche ou de droite, reconnus comme tels par le Tout-Paris.

3 L'antisémitisme de Céline

Après tout, Céline aurait pu trouver des moyens autres que son étonnante rage contre les Juifs pour ne pas se laisser récupérer par la société bourgeoise. Mais c'est un fait. Il a professé l'antisémitisme à un moment où les nazis tentaient le génocide que l'on sait. Même s'il n'a envoyé à la mort aucun Israélite pendant la guerre, on ne peut l'absoudre. Il nous faut accepter la position inconfortable qui consiste à admirer un écrivain sans nier qu'il a publié des pamphlets criminels.

▆▆▆▆ UN POGROME

En vérité, l'antisémitisme de Céline est tout à fait inattendu pour qui a lu dans *Voyage au bout de la nuit* l'épisode de l'*Amiral Bragueton* (p. 147-163). Dans la société du bord s'est manifesté un violent processus de rejet contre ce corps étranger qu'est Bardamu : Bardamu est le « Juif » de ce microcosme[1]. Il est le seul civil en âge de porter les armes et on le soupçonne d'être un embusqué. Grief passé sous silence par Céline, assez curieusement, car Bardamu échappe au massacre en révélant à ceux des passagers qui sont officiers son héroïque conduite au front, sa blessure et sa décoration. L'omission du mot « embusqué » dans le texte du *Voyage* tend à prouver que là est le point sensible.

Louis Destouches a bien payé son tribut de souffrances et il se sent rassuré ; mais la blessure du 25 octobre 1914 l'a éliminé de la guerre, l'a mis à l'abri de la mort dès le début des hostilités. Céline médite indéfiniment sur la condition de ceux qui ne sont pas ou qui ne sont plus « dans le coup », qui sont hors du jeu. On trouverait sans doute dans son œuvre

---

1. Voir dans *L'Herne* n° 5 l'article d'Arnold Mandel (p. 207-209).

beaucoup d'indices de cette obsession. Jusqu'à sa mort, Céline a répété, nous le verrons, qu'il était solidaire des autres hommes et qu'il partageait leurs malheurs, avec d'autant plus de véhémence que sur quatre années de guerre il n'avait été engagé que trois mois.

■■■■■ LE SENS D'UN MOT : LE MOT « JUIF »

C'est ici que nous rencontrons la définition du mot « Juif », explicite ou implicite, sur laquelle s'était fondée nécessairement la campagne antidreyfusarde.

L'affaire Dreyfus commence l'année même de la naissance de Louis-Ferdinand et ne prendra fin qu'en 1906. Autant dire que tous les jours de son enfance, Céline a entendu parler des Juifs — et Dieu sait en quels termes — par son père. Le petit garçon n'a pas pu ne pas être persuadé que les Juifs sont des Français qui forment un groupe spécial. En soi cette conviction, si elle ne s'accompagne d'aucune hostilité, n'est pas l'antisémitisme, tout en étant la porte ouverte à l'antisémitisme. Il y a lieu de croire que Céline en est resté longtemps à cette interprétation du mot « Juif ».

Mais les antidreyfusards ne s'en tenaient pas là. Ils justifiaient leur opinion à peu près ainsi : Dreyfus a trahi parce qu'il était Juif, c'est-à-dire un homme qui peut sans doute prendre sa part des bienfaits de la société — il serait bien sot de ne pas en profiter — mais qui, par une disposition congénitale, est incapable de prendre part aux malheurs et aux peines du reste de la nation. Si l'on n'admettait pas cette définition du Juif, Dreyfus n'était pas coupable, et il était nécessaire qu'il le fût pour sauver l'honneur des juges militaires.

Louis Destouches, réformé, dégagé de toute obligation envers l'armée en 1916 pendant la bataille de Verdun, se sent trop mal à l'aise d'être hors de danger pour ne pas prendre en horreur ceux qui, sans les excuses qu'il a, ont tiré leur épingle du jeu. Après tout, si Bardamu, sur l'*Amiral Bragueton*, avait réellement été un embusqué, les passagers auraient eu raison aux yeux de Céline de le lyncher. Paradoxalement, c'est en méditant sur la situation de Bardamu à bord du paquebot qui l'emmène en Afrique que Céline s'apprête à redécouvrir l'antisémitisme sous la forme antidreyfusarde. Comme sans doute beaucoup de racistes, il va attribuer au Juif, défini ainsi que nous venons de le dire, la faute qu'il craint de trouver en lui-même.

Peut-être alors a-t-il suffit que se marie sa compagne, Élisabeth Craig, avec un agent immobilier juif pour que reprenne tout son sens haineux ce mot de « Juif » qui sommeillait en lui, synonyme seulement d'une certaine étrangeté et détonateur de passion et de violences. Dès lors sont Juifs tous ceux que n'accable pas la condition misérable des petits bourgeois, des ouvriers et des paysans. Sont Juifs les patrons, les banquiers, les ministres, les puissants de ce monde, c'est-à-dire les Anglo-Saxons quels qu'ils soient, les dirigeants communistes de l'URSS, Pierre Laval à Sigmaringen et peut-être le maréchal Pétain. Pour faire bonne mesure, sont Juifs pour Céline tous ceux qu'il craint, les Noirs, les Jaunes, ou tous ceux qu'il n'aime pas, Racine, Stendhal. Les antisémites ont été ahuris par ce que Céline entendait par le mot « Juif », et Gide a cru que *Bagatelles pour un massacre* était destiné à combattre le racisme par le ridicule. Il faut espérer que la lecture des pamphlets antisémites de Céline est aujourd'hui encore, malgré tout, sans danger.

■■■■ L'ORDRE DU MONDE

En fin de compte, des êtres comme ceux auxquels Céline donnera le nom de « Juifs » après *Mort à crédit* sont nécessaires dans le système de l'univers tel qu'il le conçoit, lorsqu'il philosophe, c'est-à-dire lorsqu'il veut être autre chose que romancier. Les gens que le Dr Destouches voit autour de lui, ceux parmi lesquels il vit, ses semblables, se débattent dans un monde chaotique et absurde ; ils ne connaissent rien d'autre. Or, notre homme ne peut pas croire que le désordre apparent du milieu humain soit un désordre réel et profond. N'a-t-il pas eu le courage d'affronter cette idée désespérante ? Il est resté fidèle à, disons, la métaphysique du catéchisme : une intelligence cachée régit le monde. Il se persuade que la condition des pauvres n'est faite que de malheur et de souffrance. Or, si l'univers était pur désordre, tout pourrait arriver, même la joie et le bonheur. Si au contraire nous constatons que la misère des misérables est sans rémission, c'est qu'il y a un ordre et cet ordre ne peut venir que d'une volonté malfaisante.

Il y a donc un ordre social. Une immense association secrète ordonne l'histoire, c'est-à-dire commande. Dans *Voyage au bout de la nuit*, ce sont les « maîtres » (p. 18). A partir de 1937, ce seront les Juifs. Mais il faut constater qu'il n'est presque plus question de ces derniers dans *D'un château l'autre*, dans *Nord* et dans *Rigodon*, les trois romans qui constituent une trilogie inspirée par la fin de la Seconde Guerre mondiale en Allemagne. En effet, pour ces événements, Céline a trouvé une puissance épouvantable, souterraine, implacable, qui remplace avantageusement le complot sioniste : ce sont les autorités allemandes, les SS, les policiers de Hitler. En 1950, Céline n'a pas cessé de haïr les Juifs. Ce n'est pas parce que le vent a tourné qu'il les ménage ; simplement il n'a plus besoin de croire en leur pouvoir occulte pour expliquer le monde comme il va.

Fort heureusement, l'artiste Céline qui a écrit de grands romans avant et après la Seconde Guerre mondiale était d'une autre trempe, et même d'un autre bord, nous le verrons. On peut, on doit lire *Voyage au bout de la nuit* en ignorant toute cette métaphysique qu'on ne pourrait même pas y découvrir entre les lignes si l'on ne savait pas ce qui est dit dans les pamphlets politiques. Lorsque Céline nous parle en romancier de la condition commune des mortels, il évite avec un soin rigoureux d'évoquer ces forces occultes qu'il considère alors comme inconnaissables par définition. Nous pouvons donc admirer sans réserve la vue grandiose de la guerre, des colonies, de l'Amérique, des villes et des banlieues que le poète nous propose. Il ne nous est pas nécessaire pour cela d'être antisémites, ni de pardonner à Céline son antisémitisme.

Si nos analyses ne sont pas tout à fait fausses, il y avait quelque part dans la mémoire de Céline un mot chargé d'un sens étrange et dont on lui avait rebattu les oreilles pendant son enfance ; à partir de 1916, Céline a eu le mépris des embusqués et la crainte de l'être ; enfin il lui était indispensable de croire que la misère des hommes vient d'une volonté malfaisante. Est-ce la « trahison » d'Élisabeth Craig qui a fait cristalliser tout cela en antisémitisme ? Est-ce l'horreur de se sentir absorbé par un milieu littéraire étiqueté, le milieu littéraire « de gauche » ? L'important est que le texte reste ce qu'il était, ce qu'il est. Si l'auteur a cru bon par la suite de placer son œuvre dans une espèce de philosophie qui n'est ni sérieuse ni belle, il n'a pas, dans *Voyage au bout de la nuit*, substitué à la notion neutre et purement formelle de « maîtres » la notion de « Juifs », chargée d'intention. Nul ne peut se repentir d'aimer notre roman.

Ouvrons donc maintenant le livre et accompagnons Céline dans son cheminement.

4 Résumé

Le récit commence à la veille de la Première Guerre mondiale et prend fin quelque dix ans après l'armistice de 1918. L'ouvrage est divisé en chapitres de longueur inégale, et qui ne sont pas numérotés. Nous allons cependant attribuer un numéro à chacun d'eux pour nous reporter plus commodément au texte par la suite.

– **1** : Après une discussion confuse avec un camarade, un étudiant en médecine, Ferdinand Bardamu, s'engage dans un régiment de cuirassiers (p. 15-19).

– **2 et 3** : La guerre (p. 21-33 et 35-45).

– **4** : Envoyé seul en reconnaissance par une nuit noire, Bardamu rencontre un réserviste en rupture de ban, Léon Robinson. Les deux hommes décident de se constituer prisonniers. Ils n'y parviennent pas et se séparent (p. 47-66).

– **5** : Bardamu, blessé et de retour à Paris pour sa convalescence, se lie avec une Américaine, Lola. Un soir, il est en proie à une crise de folie (p. 67-81).

– **6** : L'hôpital psychiatrique (p. 83-95).

– **7, 8 et 9** : Bardamu se lie avec une violoniste, Musyne, qui l'abandonne vite. Il est dirigé sur un autre hôpital (p. 97-127, 129-133, 135-145).

– **10** : Bardamu, réformé, s'embarque pour l'Afrique. En butte à l'hostilité des passagers, il débarque précipitamment à Bambola-Fort-Gono (p. 147-163).

– **11** : Il est embauché par une compagnie coloniale (p. 165-181).

– **12** : Bardamu part pour la brousse, via Topo (p. 183-208).

– **13** : Une case délabrée dans la forêt, c'est le comptoir. En son prédécesseur, Bardamu reconnaît Robinson, lequel s'enfuit après avoir tout volé. Bardamu tombe malade (p. 209-227).

– **14** : Bardamu, à demi inconscient, est embarqué sur une galère en partance pour l'Amérique (p. 229-236).

– **15, 16 et 17** : New York (p. 237-246, 247-259 et 261-268).

– **18** : Bardamu retrouve Lola et part pour Détroit (p. 269-283).

– **19** : Il se lie avec une prostituée, Molly, et retrouve Robinson. Il repart pour l'Europe (p. 285-301).

— **20** : Après avoir achevé ses études de médecine, Bardamu s'établit en banlieue, à la Garenne-Rancy. Il se prend d'affection pour Bébert, neveu d'une concierge de la rue (p. 303-313).

— **21 et 22** : De nouveaux clients, les Henrouille, veulent qu'on interne la vieille mère Henrouille. Le métier de médecin (p. 315-328 et 329-341).

— **23** : Robinson reparaît (p. 343-349).

— **24 et 25** : Maladie et mort de Bébert (p. 351-364 et 365-370).

— **26 et 27** : Bardamu découvre que Robinson a accepté d'assassiner la mère Henrouille pour cent francs (p. 371-391 et 393-401).

— **28 et 29** : On vient chercher Bardamu : Robinson a reçu dans les yeux les chevrotines destinées à la vieille (p. 403-409 et 411-420).

— **30 et 31** : Un prêtre trouve un emploi à Toulouse pour la vieille Henrouille et pour Robinson aveugle (p. 421-428 et 429-435).

— **32 et 33** : Bardamu quitte Rancy. Il gagne sa vie comme figurant au Tarapout et vit à l'hôtel (p. 437-450 et 451-465).

— **34** : Bardamu va aux nouvelles à Rancy. Il assiste à la mort, suspecte, d'Henrouille (p. 467-474).

— **35, 36 et 37** : Cependant Robinson se porte mieux et il va se marier. Bardamu part pour Toulouse. Il y fait la connaissance de Madelon, la fiancée de Robinson (p. 475-489, 491-499 et 501-517).

— **38** : Au moment où Bardamu se prépare à repartir pour Paris, on vient lui annoncer que la mère Henrouille s'est tuée en tombant dans un escalier (p. 519-520).

— **39** : Bardamu entre comme médecin dans l'asile psychiatrique du Dr Baryton (p. 521-530).

— **40** : La vie à l'asile. Étrange fugue de Baryton (p. 531-554).

— **41, 42 et 43** : Robinson, las de Madelon, vient demander à Bardamu de l'héberger. Madelon poursuit Robinson (p. 555-580, 581-589 et 591-597).

— **44** : Robinson, Madelon, Bardamu et une infirmière de l'asile vont ensemble à la fête des Batignolles. Dans le taxi qui les ramène tous à l'asile, Madelon fait une scène à Robinson qui s'explique enfin : il est las de tout, et surtout des grands sentiments. Madelon le tue de trois balles de revolver (p. 599-624).

— **45** : On porte le corps au poste de police. Bardamu échoue dans une buvette au bord de la Seine. Un remorqueur siffle (p. 625-632).

5 Un roman picaresque

Un roman traditionnel est d'abord la création d'un monde qui se réfère à la société où vit l'auteur. La voie royale est celle qu'a suivie Balzac : faisant concurrence à l'état civil, il a créé *La Comédie humaine* qui est une France semblable à la France de la Restauration, comme projetée sur un écran. Céline accepte cette technique, à ceci près que Bardamu et ses compagnons vivent comme en marge de ce monde qui alors était encore le seul à apparaître dans l'Histoire. Voilà le premier scandale soulevé par Céline, celui qui avait déclenché la fureur publique contre lui. C'est en tout cas la raison qui fait des premiers romans de Céline des romans picaresques, qu'il l'ait voulu ou non.

Entre 1525 et 1625 environ, parurent dans les possessions des rois d'Espagne des récits d'auteurs inconnus dont les héros étaient des incarnations diverses d'un mythe unique, le picaro. Le picaro est un vagabond qui n'a point de place normale sur la Terre et qui vit de mendicité ou de vol, allant de ville en ville et de province en province, chassé de partout à moins qu'il ne s'enfuie avant d'être chassé. Il raconte des aventures qui se succèdent au fur et à mesure de ses déplacements, sans aucun lien les unes avec les autres que sa propre présence en tant que héros ou en tant que témoin[1].

■■■■■■ DISCONTINUITÉ

Avant d'aller plus loin, nous pouvons constater que le *Voyage* et les romans picaresques ont en commun une technique de présentation : la mise en œuvre du temps et de l'espace y est analogue. Le résumé du roman de Céline que nous venons de faire suggère cette ressemblance. Notre récit

---

1. *Romans picaresques espagnols*, coll. Bibliothèque de La Pléiade (Éd. Gallimard, 1968).

suit la chronologie, selon un ordre linéaire, presque sans anticipation ni retour en arrière. Les événements y sont groupés en aventures qui s'étendent sur un ou plusieurs chapitres : la mort du colonel, la première rencontre avec Robinson, la convalescence à Paris, le séjour en Afrique, etc. L'aventure est un court drame qui a un commencement et une fin ; le chapitre 10 (p. 147 à 163) est exemplaire : on y trouve une exposition, la montée des haines autour de Bardamu, une grande scène de crise où le héros est provoqué par les officiers, le « happy end » et le départ du héros. En outre, sans être confinée toujours en un lieu précis, chaque aventure est placée dans une aire nettement cernée : la Flandre, Paris, en mer sur l'*Amiral Bragueton*, le Togo, etc. Le temps que Bardamu met pour aller d'un endroit à un autre et les lieux qu'il traverse sont passés sous silence. La principale de ces lacunes se situe entre le séjour de Bardamu à Detroit et son arrivée comme médecin à la Garenne-Rancy ; elle a dans l'espace la largeur d'un océan et dans le temps la durée de plusieurs années. En un mot, le temps et l'espace dans le *Voyage* sont discontinus.

Il est vrai qu'à partir du chapitre 20, p. 303, se dégage peu à peu une intrigue, qui est l'histoire de Robinson. Mais l'effet de discontinuité subsiste parce que nous ne savons de Robinson que ce qu'apprend par bribes Bardamu, et aussi parce que les faits et gestes de Robinson que nous pouvons connaître viennent à leur place chronologique dans la suite des peines, menues ou grandes, qui surviennent au jour le jour dans la vie du narrateur. Le récit ne cesse de dérouler une suite chaotique d'événements sans lien nécessaire.

Cette discontinuité n'est pas sans conséquence. Nous avons le sentiment en lisant le *Voyage* que les aventures de Bardamu ne découlent jamais les unes des autres. Quand un épisode du roman est fini, ce qui déclenche le suivant ne saurait s'appeler que le hasard ; le héros n'a pas la volonté de poursuivre une fin quelconque, de la mort du colonel jusqu'à la dernière promenade au bord de la Seine, au petit jour, après la mort de Robinson. Tout reste seulement vraisemblable et plausible : un soldat a toute chance d'être blessé, et s'il est réformé, pourquoi ne partirait-il pas pour l'Afrique ? D'où un concours de circonstances imprévisibles le chassera vers l'Amérique, etc. Les événements par lesquels Robinson chemine vers sa mort ne restent pas moins soumis aux hasards des rencontres, rencontre de la vieille Henrouille, rencontre de Madelon. On voit que tout se passe pour Céline comme si la vie humaine n'était pas soumise à un destin ; car on ne saurait assimiler au destin l'ordre social malfaisant, en principe accidentel, qui ne vise aucun individu particulier. Les maîtres qui complotent dans l'ombre ne sont pas des dieux. Si notre condition est tragique, ce n'est sûrement pas parce que nous aurions une histoire de notre naissance à notre mort.

Mais le temps de l'espace picaresque dans le *Voyage* n'est pas caractérisé que par sa discontinuité.

▮▮▮▮ LE TEMPS

Dans le premier roman de Céline, le temps n'appelle guère, croyons-nous, que deux remarques. Céline se borne alors à tirer les conséquences de sa conception linéaire du temps. Le passé pèse sur le présent : « On ne refait pas sa vie » (p. 272), dit Bardamu ; ou encore : « Ah ! si je l'avais rencontrée plus tôt, Molly » (p. 292). La banalité même de ces propos montre que Céline constatait que le temps est irréversible, ce que tout le monde sait, et ne cherchait pas plus loin. Le second point est que le *Voyage* se déroule dans un présent continuel : quand Bardamu nous décrit le pavillon des Henrouille, il ajoute pour l'interlocuteur imaginaire qu'est le lecteur : « Henrouille vous montrera tout ça si vous voulez » (p. 316). Mais nous ne prendrons connaissance de cette invitation qu'en lisant le roman où est rapportée, pages 470 *sqq.*, la mort du même Henrouille. Nous en tirerons confusément la conclusion que la rédaction du conte se fait, non pas longtemps après les événements, alors que tout le futur est déjà dans la tête de l'auteur, mais au fur et à mesure, le lendemain ou dans les jours qui suivent ; il a l'illusion qu'au moment où il lisait la page 316, ce qu'il lit à la page 474 n'était pas encore survenu. Ainsi le lecteur, le narrateur et les personnages sont emportés ensemble vers un avenir imprévisible.

Quand, à partir de la composition de *D'un château l'autre*, Céline fera jouer entre eux les présents et les passés, s'affranchissant de l'ordre linéaire du temps, ses romans ne seront plus des romans picaresques.

En revanche, l'espace auquel se réfère notre texte mérite réflexion. Pour Céline il n'y a point d'être sans un lieu où il existe. Les hommes, quand ils sont « réduits à eux-mêmes », sont réduits « à rien » (p. 331) ; rentrer en soi-même, c'est tomber dans le vide. *Voyage au bout de la nuit* sera donc solidement fondé sur cette constatation d'évidence : il faut « bien être quelque part » (p. 38).

Dans ces conditions, le plus raisonnable est de ne pas bouger : « Quand on a conquis quelques facilités pour subsister même assez chichement dans un certain endroit, à l'aide de certaines grimaces, il faut bien persévérer ou se résigner à crever comme un cobaye » (p. 357-358). Imaginons donc un instant qu'un être humain ait trouvé le moyen de survivre dans le lieu où il est. Il se barricade chez lui et refuse d'en sortir en une sorte de claustration volontaire. Cet être humain sera exceptionnellement allègre. On a reconnu la vieille Henrouille : « Elle était gaie la vieille Henrouille, mécontente, crasseuse, mais gaie » (p. 324). On sait aussi que lorsqu'elle se mettra à sortir, elle rencontrera Robinson et le présentera à sa bru qui la fera assassiner justement par Robinson. Il est hors de doute que l'idéal serait de demeurer en place, n'importe où.

La fuite

Toutefois, le lecteur le moins attentif sait qu'un grand mouvement de fuite emporte les personnages du *Voyage* : Parapine est chassé de l'Institut Bioduret Joseph (p. 445), Bardamu s'échappe de l'*Amiral Bragueton* (p. 162) avant d'y être lynché, plus tard la maladie et la crainte des poursuites judiciaires le feront partir de la forêt africaine (p. 225-227). Ces fuites involontaires s'expliquent aisément. Mais il y a également des fuites volontaires, moins facilement compréhensibles : Bardamu quitte Molly et l'Amérique (p. 300) ; il disparaît de Rancy après la mort de Bébert (p. 439) ; sans parler de l'étrange évasion du Dr Baryton (p. 554), ni du retour de Robinson à Paris lorsqu'il est sur le point de se marier à Toulouse (p. 559). Demeurer en un lieu fait naître une sorte de corruption, d'abord autour de soi : « A mesure qu'on reste dans un endroit, les choses et les gens se débraillent, pourrissent et se mettent à puer » (p. 349) ; ensuite l'homme lui-même se décompose : « Dès qu'une porte se referme sur un homme, il commence à sentir tout de suite et tout ce qu'il emporte sent aussi. Il se démode sur place, corps et âme. Il pourrit » (p. 451). Il semble qu'il faille comprendre que les habitudes font de l'homme une sorte de mort-vivant. Je ne crois pas que Céline ait jamais poussé très loin l'analyse de cette horreur de l'immobilité, d'autant plus que le thème du vagabondage figure beaucoup moins dans ses autres romans que dans le *Voyage*, la seule de ses œuvres vraiment picaresque. J'ai le sentiment que nous restons sur notre faim.

Mais Céline a invoqué d'autres motifs, à vrai dire plus banals, mais plus clairs, pour montrer pourquoi le pauvre monde ne tient pas en place. Lorsqu'on arrive quelque part : « Un peu meilleur l'endroit dans les débuts, forcément, parce qu'il faut toujours un peu de temps pour que les gens arrivent à vous connaître, et pour qu'ils se mettent en train et trouvent le truc pour vous nuire. Tant qu'ils cherchent encore l'endroit par où c'est le plus facile de vous faire du mal, on a un peu de tranquillité, mais dès qu'ils ont trouvé le joint, alors ça redevient du pareil au même partout » (p. 438). Ainsi chaque individu est le centre vers lequel convergent les innombrables agressions des autres. Bardamu, ou Robinson, ou Parapine ne trouverait le repos que s'il était seul au monde. Les riches peuvent peut-être s'isoler ; dans notre civilisation urbaine les pauvres vivent sans rémission en masse pour se loger à bon marché et pour avoir le travail qui les nourrira. Bardamu va donc saisir toutes les occasions de changer d'air : « Toujours une ou deux semaines de bonne existence ! que je me disais » (p. 479), et le vagabond laisse partout des « avortons de bonheur » (p. 480), cependant que l'hostilité du monde organisé le poursuit toujours en tous lieux, comme erraient de village en village les gueux du XVIe siècle.

L'angoisse d'être là

Céline a montré Bardamu dans une condition pire encore. Relisons les quatre premiers chapitres du *Voyage*. Plus que dans tout autre épisode du roman, il est impossible à Bardamu d'être là où il est : ni sur la route balayée par les tirs de mitrailleuses, ni dans le village où s'est établi le général (« Foutez-moi tous le camp, nom de Dieu », p. 39), ni « quelque part dans la nuit » (p. 38) où patrouilles allemandes et sentinelles françaises tirent sur tout ce qui bouge. En temps de paix, on peut plier bagage. Ce qui rend bouleversante l'évocation de la guerre par Céline, c'est que le soldat ne peut fuir les lieux où il est insupportable de rester : les gendarmes veillent ; quand Bardamu revient vers les lignes françaises après la mort du colonel, « si les gendarmes ainsi m'avaient pincé en vadrouille, je crois bien que mon compte eût été bon » (p. 31). Et Bardamu arrive à cette conclusion : « En somme, on ne pouvait plus, nous, ni aller, ni revenir ; fallait rester où on était » (p. 44). Sur l'*Amiral Bragueton* la situation est analogue ; les autres passagers ne tolèrent pas la présence de notre héros, et il ne peut évidemment s'enfuir (p. 147 *sqq.*). S'il y a un tragique dans le *Voyage*, il vient de ce que nous avons un corps, et que ce corps occupe un certain volume dans l'espace ; le tragique sur Terre, c'est qu'il faut « bien être quelque part » (p. 38).

En fait Céline n'a jamais pu apaiser l'étonnement et l'angoisse que lui donnait la question du « pourquoi qu'on est là » (p. 255). *Voyage au bout de la nuit* est avant tout la répétition obstinée de cette constatation que l'homme ne pourra jamais comprendre pourquoi il est ici plutôt qu'ailleurs ; tous les autres problèmes sont futiles. Mais au fur et à mesure que le roman se déroule, chaque fois que Bardamu se heurte à l'insoluble interrogation, il descend un peu plus dans le fond et dans le noir, là où la nuit abolit toute autre certitude que celle de savoir qu'on occupe une portion d'espace, vrai lieu où surgit toute pure, débarrassée de ses corollaires, l'angoisse fondamentale d'être là. Les mots *fond, bas, bout* et *nuit* se lisent presque à chaque page du *Voyage* et sont à peu près interchangeables : que l'on se reporte à l'arrivée de Bardamu à la Garenne-Rancy (p. 308, entre autres). Il semble que cette équivalence dans le vocabulaire célinien vienne de la première vision que Bardamu — ou Céline — eut de New York. Entre les hautes façades des gratte-ciel s'ouvre une rue, fente obscure où se réfugie notre héros et où il retrouve « les pauvres de partout » (p. 245-246), car dans l'ombre les misérables croient trouver une précaire sécurité.

Nous pouvons dès maintenant justifier le titre du roman. Le mot *Voyage* traduit la conception picaresque de la vie de Bardamu ; et ce voyage a bien un point d'arrivée, quand le chemineau atteindra le repos dans le noir absolu en refusant toute autre ambition que celle d'être quelque part, n'importe où.

■■■■■■ LE PICARO
DES TEMPS MODERNES

Il est assez étonnant que Céline ait retrouvé pour écrire le *Voyage* le temps et l'espace picaresques. Cela pourrait être seulement un rapprochement curieux s'il n'y avait autre chose.

Le picaro espagnol qui raconte son histoire ne conteste pas les valeurs morales sur lesquelles repose la bonne société de son temps ; il avoue seulement qu'il n'a aucune des qualités requises. Les Espagnols du XVIe siècle prisant d'abord l'honneur, le picaro non seulement aura quelques vices accessoires, mais il sera un lâche ; il le sera par essence ; il naîtra lâche comme d'autres sont nés hidalgos. Bref, le picaro est l'envers de l'homme de bien, une sorte d'anti-héros vivant dans un milieu qui est une anti-société.

Le même schéma rend exactement compte de la création par Céline de Bardamu. Il arrive à ce dernier de vivre d'expédients : s'il ne vole qu'une boîte de conserves (p. 28), il est un peu souteneur en Amérique, un peu maître chanteur avec les Henrouille et fricote quelque supercherie pour soutirer de l'argent aux parents d'un soldat mort (p. 141). Mieux encore, Bardamu, dès la page 21 du roman, a décidé d'être un lâche ; il en convient devant Lola (p. 88), et c'est en abandonnant tout amour-propre qu'il sauve sa vie sur l'*Amiral Bragueton* (p. 150), attitude dont il ne se départira plus. Avouons cependant que la notion de lâcheté s'évanouit au cours du roman, comme si, la guerre s'éloignant, les Français étaient devenus moins sensibles au « vieil honneur militaire ».

Un pauvre parmi les pauvres

La convention sur laquelle repose *Voyage au bout de la nuit*, c'est que dans le monde moderne où l'on ne saurait prendre rang sans argent, le pauvre est le réprouvé. Céline va nous présenter un pauvre parmi les pauvres, Bardamu, presque comme s'il présentait un animal exotique. Il est à peu près impossible au pauvre de suivre les règles d'une morale faite pour les riches. Comme l'immoralité est la conséquence nécessaire de la souffrance, les riches, qui ne souffrent pas dans le monde célinien, ne sont pas mauvais ; les quartiers riches de Paris, « c'est le bon morceau de la ville. Tout le reste n'est que peine et fumier » (p. 100). Il n'est pas d'épisode dans le *Voyage* où la méchanceté et le vice des pauvres ne soient proclamés : « égoïstes », « matérialistes », « impitoyables », haïssant qui leur fait du bien (p. 424). D'ailleurs, si l'on est pauvre de naissance, on le reste ; les pauvres sont de la race des pauvres : Mme Herote, « populaire et substantielle d'origine » (p. 100), quand elle devient riche, conserve son caractère haineux, n'ayant pas eu le temps de devenir « un peu meilleur [e] » *(ibid.)*. Tout n'est pas ironique, loin de là, dans les jugements moraux de Bardamu : bonté, générosité, vertu, honnêteté sont à prendre dans l'acception que leur donne le consensus de la bourgeoisie régnante. Il est probable qu'on ne pourrait en dire autant à propos de *Mort à crédit* ; l'irritation de Bardamu contre la soumission de sa mère aux préjugés établis, qui n'est qu'épisodique dans le *Voyage* (p. 126), deviendra un des thèmes majeurs du roman suivant. Mais *Mort à crédit* n'est déjà plus un roman picaresque.

Les bons et les méchants

Il est un passage de notre texte qui semble n'avoir été écrit que pour faire sentir le rapport entre des membres de la société constituée et ceux qui en sont exclus. Des pauvres vont rencontrer des riches dans des circonstances où ne se produit pas l'habituel conflit entre les maîtres et les esclaves. Madelon, Robinson et Bardamu sont invités par un peintre riche sur sa péniche. Les riches sont beaux (p. 506-507), ils sont heureux (*passim* des pages 503 à 512). Habiter dans une péniche amarrée sur une jolie rivière est justement le symbole de cette condition quasi divine. Il est bien entendu que cette péniche n'est pas faite pour les pauvres (p. 504-505). Par ce moyen, le riche échappe à la malédiction de demeurer dans un lieu, car ce bateau peut toujours partir mais le riche est « bien heureux à ne partir jamais » (p. 507). En outre, ces marins d'eau douce savent éviter l'affreuse vie collective qui empêche chez les pauvres tout épanouissement de l'individu ; ils communiquent avec autrui, non par la promiscuité des quartiers misérables, mais par une noble et vague communion, par le don de soi, aujourd'hui « et pour toujours » (p. 511).

Songeons par contraste au pavillon des Henrouille : ces gens se sont privés toute leur vie pour fuir leurs semblables entassés dans des immeubles de rapport (p. 316 *sqq.*) ; ils n'ont réussi qu'à se replier sur eux-mêmes, séparés irrémédiablement des hommes, cependant que la ville, inondant les terrains voisins, transformait leur bicoque en un îlot de nuit et d'humidité entre de hauts murs. Dans le salon de la péniche, quels que soient la méfiance et le dégoût des trois pauvres devant ces riches (p. 506-507), ils ne contestent pas le paradis entrevu ; ils se sentent intimidés (p. 506), humiliés (p. 508) ; ils se mettent finalement à mentir pour faire semblant de se mêler aux dieux de l'Olympe (p. 510). Toutes les diatribes de Bardamu dans le *Voyage* contre les patrons, les propriétaires, les maîtres (par exemple, p. 17-18 ou p. 304), ne sont que de maigres consolations verbales à la malédiction d'être pauvre.

Aux yeux de Céline, l'idéal social pendant ces années de premier après-guerre, c'est le grand bourgeois cultivé, affranchi de la nécessité d'opprimer autrui pour accroître sa fortune. En regard de ce type humain, les pauvres n'ont rien à opposer ; ou bien, comme Bardamu et ses compagnons sur la péniche, ils singent pitoyablement le riche, ou bien, la plupart du temps, ils vivent à contresens des bienséances et de la morale.

Resterait à savoir si Céline suggère à son lecteur d'adopter le conformisme profond, voilé — et dévoilé —, de son Bardamu. Si tel était le cas, il n'aurait servi à rien d'avoir montré avec tant de puissance la misère des pauvres et même leur « méchanceté ». Mais qui peut affirmer que les vieux auteurs des romans picaresques espagnols n'avaient aucun doute sur la valeur des lois morales que viole tous les jours le picaro ? Cervantès, déjà, ne l'aurait pas affirmé, à mon avis.

Comme la société castillane avait suscité des romans dont le héros la niait, la société française a suscité, au moment où elle est encore sûre d'elle-même, un anti-roman bâti autour d'un anti-héros. Si *Voyage au bout de la nuit* a fait naître tant d'enthousiasmes et de fureurs, c'est qu'il dénonçait un mensonge. Dans l'immense foule des pauvres, personne ne pouvait plus ressembler au bourgeois qu'on s'obstinait à lui proposer pour modèle. La démonstration est d'autant plus convaincante que les malheureux sont pleins de bonne volonté et font tous leurs efforts pour se conformer à l'inaccessible parangon.

6 La société dans le Voyage

La réinvention du roman picaresque implique une conception puissamment contrastée de la société. Pour Céline il n'y a que deux catégories d'individus, les élus et les réprouvés, la race d'Abel et celle de Caïn. On pourrait imaginer que concrètement cette opposition soit celle des puissants et des opprimés, comme le suggère la hiérarchie militaire. On pourrait encore imaginer des privilégiés en face de non-privilégiés ; c'est ce qui se produit sur l'*Amiral Bragueton*. En fait, notre société repose sur l'argent qui donne puissance et privilèges. Il n'y a qu'un antagonisme vrai, celui des riches et des pauvres ; tous les autres n'en sont que des avatars secondaires.

Le riche selon Céline est celui qui possède des objets susceptibles d'être vendus. Subsister ne pose donc pas de problème pour lui, il a toujours l'argent nécessaire. Il n'en est pas de même pour le pauvre qui n'a rien. La grande préoccupation du pauvre est de survivre. L'espèce humaine fait preuve d'une vitalité surprenante dans toute l'œuvre de Céline qui a la réputation d'être pessimiste. Le suicide y est véritablement exceptionnel, parfois monstrueux. Dans le *Voyage*, seul Robinson ira au-devant de sa mort, il a ses raisons que nous verrons plus loin. Pour les autres tous les moyens sont bons afin de s'entretenir « tant bien que mal à 37° » (p. 269) : la « cautèle », la « cruauté », la « malice » *(ibid.)*, la lâcheté, le vol et, pour Robinson, le meurtre. Ce qui est répréhensible reste répréhensible ; dans un roman picaresque la morale reste la morale. Mais il faut bien constater que trop souvent le pauvre ne peut choisir qu'entre faire le mal ou périr.

SE VENDRE

Reste que Céline ne conçoit pas d'autre moyen normal de gagner de l'argent que de vendre quelque chose. Après avoir été vendu par les Noirs de son comptoir au capitaine d'une galère, Bardamu constate avec calme : « Il faut bien vivre et prendre pour les vendre les choses et les gens qu'on ne mange pas tout de suite » (p. 236). Le pauvre n'a plus qu'à vendre son travail ou soi-même. Les dockers noirs de Fort-Gono vendent leur force physique (p. 170), Molly vend son corps, et la gentille Musyne aussi, les petits blancs des colonies vendent leur santé (p. 174), etc. Le cas extrême est celui du soldat. Le soldat est le pauvre absolu : « Un seul d'entre nous six possédait un rudiment de bien, qui tenait tout entier, il faut le dire, dans une petite boîte en zinc de biscuits Pernot […]. Là-dedans, il cachait, notre camarade, des cigarettes, et une brosse à dents » (p. 112). Le malheureux n'a que sa vie à offrir, son « métier » est donc « d'être tué » (p. 51), et du coup ressort en pleine lumière le paradoxe tragique de la condition du pauvre, car vendre sa vie pour survivre est absurde. C'est cependant le seul moyen pour le soldat de conserver une place et un rang dans la société, de ne pas être éliminé, et, plus brutalement, de ne pas être sur-le-champ fusillé par les gendarmes ; il s'agit de survivre peut-être quelque temps, de différer la mort. Quand on y pense, c'est également le sort des dockers, des prostituées, des colons, et plus ou moins de tous les pauvres.

Les plus dignes sont ceux qui ne se leurrent pas et qui ne dissimulent ce marché sous aucune hypocrisie : Molly (Musyne fait semblant d'être une artiste), les dockers noirs qui ne travaillent que sous les coups, Parapine qui ne daigne plus adresser la parole à son patron. Les autres excitent la colère et le mépris de Bardamu, par exemple les employés blancs de la Compagnie Pordurière : « ils marchent tout seuls », se payant de ce qui « ne coûte rien » à leurs maîtres, à savoir « l'espoir de devenir puissants et riches » (p. 183). La plupart des soldats offrent une image plus affligeante encore, car les temps modernes ont inventé « le soldat gratuit » (p. 93) qui court d'enthousiasme se faire tuer sans se faire payer. La guerre en est d'autant plus odieuse.

Ce mercantilisme universel me paraît être la marque propre de *Voyage au bout de la nuit*. Dès *Mort à crédit* la misère des pauvres prendra d'autres formes, plus délirantes. Notre roman développe rigoureusement les conséquences de quelques axiomes dont le type est la définition du riche que nous donnions plus haut.

BARDAMU EN PRÉSENCE DES HOMMES

Au sein de la société dont nous avons tenté de dégager les fondements, que va-t-il se passer concrètement quand les êtres humains vont se trouver en présence les uns des autres ? Puisque Bardamu est le narrateur et qu'il est justement toujours présent aux événements racontés, la question revient à celle-ci : quels vont être les rapports de Bardamu avec les gens ? Il suit de ce que nous venons de dire que plusieurs cas sont possibles : ou bien Bardamu est en face d'un riche, d'un puissant, d'un privilégié ; ou bien il est en face d'un pauvre ; ou bien encore il est simultanément en rapport avec un riche et avec un autre pauvre.

Scènes à deux personnages

Nous rencontrons le premier cas dès le deuxième chapitre du roman. Bardamu et le colonel sont seuls sur la route, car les hommes de liaison qui surviennent pour un instant ne sont que des figurants indistincts. Force est de constater qu'il n'y a entre eux deux aucune communication. Bardamu se propose bien de discuter de la situation avec son chef : « Le tout c'est qu'on s'explique dans la vie. A deux on y arrive mieux que tout seul » (p. 26). Il est trop évident que ce projet est sottement utopique. D'ailleurs le colonel est tué au moment où Bardamu va parler ; cesse à tout jamais l'espoir d'un dialogue. Toutefois, généralement, dans leur tête-à-tête avec Bardamu, les maîtres parlent ; le professeur Bestombes discourt (p. 121 à 124), et le directeur de la Compagnie Pordurière (p. 183 *sqq.*), et le Dr Baryton (p. 526 à 554 *passim*). Mais il n'y a pas pour autant communication ni dialogue car Bardamu ne croit pas ce qu'on lui débite et se contente de répondre par des formules lâchement approbatives. Parapine, plus sage et plus digne, s'enferme dans un mutisme absolu à Vigny-sur-Seine (p. 524). D'ailleurs il est permis de se demander si, dans les cas dont nous parlons, le supérieur est lui-même convaincu de ce qu'il dit : la fausse bonhomie est un moyen prudent d'inviter à la docilité un interlocuteur dont on n'est pas sûr. Mais lorsque le riche ou le privilégié se sent en nombre et en force, tout change ; c'est ce qui se passe à bord de l'*Amiral Bragueton* ; le pauvre devient une bête traquée

par une meute délirant d'une folie homicide (p. 153 *sqq.*).
Le pauvre ne peut être qu'un adversaire. Les belles paroles
de Bestombes, du directeur ou de Baryton ne sont pas destinées à rechercher un contact, mais à contenir dans les bor-
nes de la non-violence l'hostilité supposée du solide gaillard
qu'est Bardamu.

Les rencontres de Bardamu avec un autre pauvre ne sont
guère plus satisfaisantes. Que Bardamu s'entretienne avec
Arthur Ganate (p. 15 *sqq.*), avec Robinson à Noirceur-sur-la-
Lys (p. 59 *sqq.*), avec Princhard (p. 89 *sqq.*), avec Parapine
(p. 358 *sqq.* et p. 445 *sqq.*), ils parlent pour ne rien dire :
les deux étudiants en médecine ont « fait sonner » des « vérités utiles » et en sont « bien fiers » (p. 15) ; à Noirceur Bardamu et Robinson n'arrivent pas à déserter : « On est retourné
chacun dans la guerre » (p. 66) ; l'exposé historico-philosophi-
que de Princhard n'est qu'un « truc de cabotin » (p. 94), les
imprécations de Parapine ne changeront pas la face du monde.
Certes, dans ces rencontres la bonne entente, l'absence de
contrainte et de mensonge apportent une sorte de bonheur,
mais tout cela est indéfini et, comme le dit Bardamu de Princhard, « futile » (p. 94). La scène à deux personnages semble toujours en porte à faux ; avec un maître, Bardamu, réduit
à l'acquiescement, n'existe plus ; avec un égal, il bavarde dans
une atmosphère un peu folle, dans les nuages, dans l'irréel.

Scènes à trois personnages

En réalité, l'homme — en l'espèce, Bardamu — ne vit la
plénitude de sa condition sociale que lorsqu'il est simultanément en rapport avec un riche et avec un autre pauvre, c'est-
à-dire lorsqu'il vit sa condition sociale à la fois sous ses deux
formes. Alors il s'éprouve véritablement comme membre
d'une société. Le trio, ou le triangle, est un thème capital dans
toute l'œuvre de Céline. Au deuxième chapitre de notre
Voyage cette situation est esquissée. En présence du colonel, voyant un agent de liaison, Bardamu songe : « J'en aurais
fait mon frère peureux de ce garçon-là » (p. 25), mais l'épisode tourne court, comme on sait. Ensuite, nous retrouvons
Bardamu avec Brandelore, tous deux soumis au traitement
du professeur Bestombes (p. 119 *sqq.*), puis reçu avec Voireuse chez M. Puta (p. 139 *sqq.*), sympathisant avec Alcide
dans le dos du lieutenant Grappa (p. 195 *sqq.*), écoutant, dans

la cuisine de Lola, les confidences du nègre (p. 276), enfin avec Parapine salarié du Dr Baryton (p. 521 *sqq.*).

Ces triangles sociaux se multiplient curieusement par deux procédés contraires. Lorsqu'il s'agit de l'élément pauvre, la réduction à trois est systématique au point que des cinq cavaliers qui escortent le brigadier Bardamu (p. 35) il n'est jamais mis en scène que le seul Kersuzon (p. 42-43), ce qui ramène au triangle commandant Pinçon-Bardamu-Kersuzon. Inversement le maître a tendance à perdre son individualité et à se dissoudre en une foule indistincte et d'autant plus redoutable. Au-dessus de Bardamu et de Musyne (quelle que soit la trahison de cette dernière), « les dieux argentins » (p. 108) forment un groupe anonyme et sans visage.

Bref il est probable qu'il y a dans le *Voyage* plus de scènes à trois qu'il n'y paraît au premier abord.

Les triangles dont nous venons de parler sont, si l'on peut dire, des triangles isocèles (un pauvre, deux riches/un riche, deux pauvres). Mais il existe aussi des triangles équilatéraux. Bardamu et Voireuse trouvent Robinson chez les parents du soldat tué (p. 135-145) ; ce sont trois pauvres ensemble ; il en est de même lorsque Madelon, Robinson et Bardamu se promènent dans la campagne toulousaine (p. 501-512). Nous nous apercevons alors que ce triangle équilatéral est un état instable. Voireuse et Bardamu se moquent ensemble de Robinson qui n'a plus de marraine de guerre : « On n'a pas pu s'empêcher de rigoler, Voireuse et moi, de ce malheur-là qui lui arrivait à lui Robinson » (p. 143). Tant une pente naturelle aboutit au groupement 2 contre 1. Mieux encore. A la fin de leur journée champêtre, Bardamu laisse Robinson et Madelon seuls (p. 513-517), mais il reste, d'ailleurs sans le faire exprès, à portée de voix ; il pourra se rendre compte du mal que les deux autres disent de lui dès qu'il a le dos tourné. Trois humains en présence glissent presque sûrement vers l'alliance et la complicité de deux d'entre eux contre le troisième. Et la trahison de Musyne ne peut que renforcer cette conception des choses.

Le trio représente la vérité de la société

Cette prééminence d'une combinatoire de trois éléments pour schématiser la vie sociale s'amplifiera et se précisera dans l'œuvre ultérieure de Céline. Il me semble très remarquable que la cellule fondamentale ne soit pas le couple de l'homme et de la femme. Non moins remarquable que le trio formé par l'enfant et par ses parents ne paraisse qu'au début de *Mort à crédit* pour se défaire assez vite et être remplacé par une vision du monde caractéristique d'un adulte au travail : un maître et ses serviteurs. Nous sommes très loin d'ailleurs de la dialectique du maître et de l'esclave. Simplement, au hasard des rencontres, des rapports ne peuvent pas ne pas s'instituer entre les hommes, et ces rapports, nous constatons qu'ils peuvent toujours ou quasi toujours se ramener aux diverses combinaisons de trois d'entre eux. Alors apparaît la vérité de la société tandis que le tête-à-tête se dilue dans l'irréalité ou dans le mensonge.

Des solidarités précaires

Les personnages héroïques de Malraux trouvent leur raison de vivre dans les liens profonds qui les unissent entre eux et dans ceux qui les unissent à tous les autres hommes. Il n'y a dans le monde célinien que des amitiés et des amours précaires. Devant la menace du fort, deux faibles se sentent solidaires ; « frères peureux » (p. 25), ils éprouvent cette solidarité, ils sympathisent au sens étroit du terme. Ils n'ont pas choisi de se rencontrer, ni le moment où ils se sont rencontrés : ils se quitteront un jour, ils ne savent quand, n'ayant aucun moyen de s'opposer aux nécessités qui les écarteront. Si douloureuse que soit la séparation — adieu à Molly, mort de Bébert —, la face du monde n'en sera pas changée : on a fait un bout de chemin ensemble, c'est sans conséquence.

7 Un roman phénoménologique

Nous allons maintenant abandonner la vision du monde et de la société à laquelle Céline se référait pour concevoir son roman ; nous allons aborder l'étude de la manière qu'il a employée pour l'écrire. Ce que nous venons de découvrir en notre auteur est sans doute fort original. Mais il me semble plus important d'examiner comment Céline s'est orienté vers des procédés d'écriture grâce auxquels l'art du roman s'est renouvelé en France après la Seconde Guerre mondiale.

En 1955, Michel Butor affirmait que le roman « est le domaine phénoménologique par excellence »[1]. En fait cette ambition a été celle de tout un côté du roman européen, de l'*Ulysse* de Joyce au nouveau roman français dans sa première manière[2]. Or le parti pris de Céline dans le *Voyage* est bien phénoménologique.

Nous allons prendre modestement le mot *phénoménologie* dans un sens très simple. Une phénoménologie appréhende ce qui apparaît, les phénomènes ; nous supposons alors que nous ignorons les lois auxquelles ils sont éventuellement soumis et que nous ne voyons en eux le symbole de rien de transcendant ; nous nous interdisons aussi de porter sur eux un jugement de valeur. Par exemple, quand j'ai dit plus haut qu'un être humain était pour Céline d'abord un corps qui occupe un certain lieu dans l'espace, et qu'au-delà de cette apparence on ne sait trop ce qu'on peut trouver, je proposais pour anticipation de lire *Voyage au bout de la nuit* comme une phénoménologie.

---

1. *Le roman comme recherche*, in *Répertoire* (Éd. de Minuit, 1960, p. 8).
2. Cf. *Nouveau roman : hier, aujourd'hui* (10/18, 1972, t. 1, p. 107-130).

■■■■■ LA PREMIÈRE PERSONNE DU SINGULIER

Voyage au bout de la nuit est écrit à la première personne du singulier. Ce procédé n'est pas nécessaire dans un roman phénoménologique, mais il est commode. A la vérité, la première personne suscite un danger, c'est que le lecteur confonde l'auteur et le narrateur. Au fur et à mesure que dans notre roman l'âge du narrateur rejoint celui de l'écrivain, nous nous figurons entendre de plus en plus la voix de Céline. Quand nous lisons « mon genre » (p. 303), nous croyons qu'il s'agit du genre du Dr Destouches, médecin de banlieue. Pourtant il y a partout des preuves que Céline ne prend pas à son compte les paroles et les actions de son personnage. En voici un exemple : Céline a bien connu un peintre possesseur d'une péniche, c'est son ami Mahé ; nul ne peut imaginer que dans la scène dont nous nous entretenions plus haut (p. 503-512) Mahé et Céline aient joué ces rôles du riche et du pauvre face à face.

L'auteur, s'il prend la parole, ne peut dire que ce qu'il croit être la vérité, éternelle et absolue. Le narrateur que fait parler l'auteur n'énonce que des maximes dont l'auteur suggère qu'elles sont relatives au temps et aux circonstances où elles ont été formulées : « Tant qu'il faut aimer quelque chose, on risque moins avec les enfants qu'avec les hommes, on a au moins l'excuse d'espérer qu'ils seront moins carnes que nous autres plus tard » (p. 309). Cette phrase ne proclame nullement un précepte de morale pratique, ce serait ridicule ; elle veut seulement dire que Bardamu s'aperçoit qu'il aime un gosse, Bébert, et qu'au point où il en est il s'étonne de pouvoir encore aimer un être humain. Ainsi le roman emporte son lecteur au fil des états de conscience de Bardamu sans que nous puissions jamais trouver référence à des vérités qui transcenderaient l'instant où nous les rencontrons dans le texte. Le « je » et la constante présence de Bardamu placent peut-être le héros au centre du monde connu, on ne peut cependant parler d'égocentrisme, car cette situation ne confère aucun privilège : « Moi là-dedans comme un autre » (p. 277). C'est plutôt modestie : Bardamu ne peut savoir autre chose que ce qu'il sait au moment présent. Et nous, lecteurs, n'en apprendrons jamais davantage.

■■■■■ VUES SUR AUTRUI

En particulier, sur les autres personnages nous n'apprendrons jamais que ce que Bardamu sait sur eux. « Il y a [...] beaucoup de folie à s'occuper d'autre chose que de ce qu'on voit », dit fort bien Bardamu (p. 221). Des riches on ne connaît rien de précis. Toute cette partie de la société a quelque chose de mythique. Les pauvres sont, comme le dit Céline, plus « substantiels » (p. 100), parce que Bardamu est l'un d'eux, qu'il devine plus de choses en eux et surtout qu'il les voit vivre et les entend parler quotidiennement.

Mais, riche ou pauvre, chaque être humain n'apparaîtra jamais que du point de vue de Bardamu : ce que font Musyne, ou Mme Herote, ou Baryton hors de la présence du narrateur n'est même pas imaginable et, autant dire, n'existe pas ; nous apprenons page 61 que Robinson a été « un peu graveur », et page 493 ce même Robinson avoue qu'il a fait de la prison ; nous l'apprenons en même temps que Bardamu : « Il ne m'avait pas dit ça qu'il avait été en prison. Ça avait dû se passer avant qu'on se rencontre, avant la guerre. » Robinson a-t-il été faux-monnayeur ? La question n'est même pas posée explicitement dans le texte. Quant à la mort d'Henrouille, nous ne pouvons que partager les doutes de Bardamu. Ailleurs, si ce dernier, en tant que narrateur, nous dévoile l'intimité des Henrouille, il ajoute tout aussitôt : « J'ai appris tout ça, peu à peu, par eux et puis par d'autres, et puis par la tante à Bébert » (p. 316-317). Céline s'en tient à cette technique avec une rigueur absolue : « On ne sait rien de la véritable histoire des hommes » (p. 86). C'est une des grandes beautés du roman que le surgissement d'êtres au passé mystérieux et qui disparaîtront à jamais dans la nuit. Si le *Voyage* nous donne le sentiment que nous côtoyons des vivants, il faut l'attribuer en grande partie à ce procédé.

■■■■■ UN ROMAN THÉÂTRAL

Au premier abord le monde dans sa durée est donc constitué par une suite de scènes où paraissent un instant non pas des êtres humains, mais des acteurs. Ils jouent leur rôle et rentrent dans la coulisse hors de notre portée. Dès la page 29, Céline emploie le mot « scène » pour désigner la route où le colonel et l'homme de liaison viennent d'être tués.

Toutefois, c'est lorsque Bardamu sera médecin que plusieurs personnages seront explicitement présentés comme des comédiens. Tout se passe comme si, pris de vertige devant leur néant, certains humains cherchaient à paraître, faute de pouvoir être. De là l'espèce de bonheur dont ils jouissent quand l'occasion se trouve de jouer un rôle. La mère de la jeune femme qui agonise tient « le rôle capital » (p. 331). La fille mère du chapitre suivant « pavoisait en fille mère » (p. 346). Quant à la maison où l'on a appelé Bardamu en urgence pour deux malades, la sage-femme y « mettait les deux drames en scène, au premier, au troisième, transpirante, ravie et vindicative ». Bref, « les êtres vont d'une comédie vers une autre » (p. 331), et il y aurait sans doute toute une étude à faire sur l'aspect théâtral des romans de Céline.

Si *Voyage au bout de la nuit* n'évoquait que de pauvres gens « réduits à eux-mêmes, c'est-à-dire à rien » (p. 331), le roman serait un peu court et l'on ne pourrait parler de phénoménologie. Le danger pour Céline serait alors d'opposer à ces fantoches des héros cachant derrière leurs apparences une nature vraie et profonde, pour tout dire, une âme. Céline n'est tombé qu'une fois dans ce piège. C'est bien le mot « âme » que Bardamu emploie lorsqu'il s'attribue quelques vertus exceptionnelles : « J'ai défendu mon âme jusqu'à présent et si la mort, demain, venait me prendre, je ne serais, j'en suis certain, jamais tout à fait aussi froid, vilain, aussi lourd que les autres » (p. 301). Le ton de ce passage tranche sur le reste de l'œuvre. Je le considère comme une intrusion surprenante de Louis-Ferdinand Destouches dans le roman, l'insertion d'un appel personnel à quelque Américaine perdue.

Le reste du *Voyage* est d'une autre facture. La tante de Bébert est un cas très intéressant. Nous pourrions d'abord la confondre avec les comédiennes dont nous parlions plus haut. « Elle ne pensait à rien. Elle parlait énormément sans jamais penser » (p. 310). En réalité, ces lignes préparent l'admirable page où Céline décrit la dernière entrevue de la vieille femme et de Bardamu, après la mort de Bébert (p. 440-441). On s'aperçoit alors que le flot de paroles n'est pas une apparence tandis que dans le secret de son cœur souffrirait l'être humain véritable, accablé par le deuil. La tante ne « pense » pas plus que d'habitude, la disparition de l'enfant ne lui a pas donné une « âme » ; elle parle et ce rabâchage est poignant et respectable comme toutes les douleurs. Bardamu découvre que la peine de la malheureuse est tout entière dans l'effort qu'elle fait pour dire « toutes les gentilles qualités » de l'enfant. Ce discours incohérent et un peu ivre est le chagrin de la tante. C'est un phénomène qui ne cache rien, qui ne renvoie à rien ; il se suffit à lui-même. La « scène » est d'autant plus belle que le narrateur semble découvrir lui aussi la nature phénoménologique de ce qui se passe. Avec la tante de Bébert le théâtre célinien prend une autre dimension.

▬▬▬ L'AMOUR, LE RÊVE,
LA RECHERCHE
DE SOI-MÊME

Céline va donc pouvoir faire entrer les hommes tout entiers dans son roman sans devoir renoncer à les saisir tels qu'ils s'offrent à la vue, à l'ouïe, au toucher, — à l'odorat ! Les hommes aiment, rêvent et se mettent parfois en quête d'on ne sait quel Graal. Ce sont là des faits.

Dans *L'Église* Bardamu essayait d'expliquer à son amie Vera qu'il cachait dans son cœur un grand amour ineffable pour elle. Pour le contraste, que l'on relise dans le *Voyage* les propos de Molly et de Ferdinand (p. 291 *sqq.*). Nous avons vu comment était présenté l'amour de la tante de Bébert. Quant à l'amour d'Alcide pour sa nièce (p. 205 *sqq.*) et à celui de Bardamu pour Bébert (p. 351-370), le premier n'est rien d'autre que le sacrifice du sergent pour élever et soigner la fillette, car, mis à part ce fait, Alcide n'apparaîtrait que comme un quelconque rengagé de la coloniale, tandis que le second, après la page 309 que nous citions tout à l'heure, est tout entier dans la longue errance de Bardamu à travers Paris et cette constatation que la lecture de Montaigne ne saurait consoler de la perte d'un enfant. Mais l'amour est en général dialogue et nous retrouverons le problème lorsque nous nous entretiendrons du langage célinien.

Il n'est guère fait allusion, dans le *Voyage*, aux rêveries proprement dites, sauf au cours du chapitre 16, d'abord par des considérations un peu abstraites, les réflexions de Bardamu sur la musique et le délire qu'il faut avoir en soi pour vivre (p. 256), puis par le résumé des rêves érotiques de notre héros au cinéma, machine à donner du courage aux pauvres (p. 258-259).

Mais, plus précis que ces rêves sans but, les élans vers l'inconnu, le besoin de répondre à un appel, de partir à la quête d'autre chose sont un thème important de *Voyage au bout de la nuit*. Déjà, en Amérique, Bardamu, en embrassant Molly, pensait toujours « un peu à autre chose en même temps » (p. 295) ; il ne voulait pas perdre dans l'instant présent « du temps et de la tendresse » *(ibid.)*, se réservant « pour je ne sais quoi de magnifique, de sublime pour plus tard » *(ibid.)* ; il s'agissait de « devenir soi-même avant de mourir » (p. 300). Mais l'extravagante aventure de Baryton est plus significative encore. On sait qu'à la lecture d'une page de l'*Histoire de l'Angleterre* par Macaulay, Baryton est pris de vertige et quittera sa fille et sa clinique pour courir le monde (p. 548-554), parlant aussi de se retrouver « soi-même » (p. 551). Céline se garde bien de formuler la moindre hypothèse sur ce que ces braves gens trouveront au terme de leur recherche. Il se garde bien aussi de nous dire que Bardamu et Baryton acquièrent quelque grandeur dans ces inquiétudes métaphysiques. Ces quêtes sont absurdes et désastreuses : pour quitter Molly il a fallu à Bardamu « bien de la folie et d'une sale et froide espèce » (p. 301) ; quant à Baryton, bien qu'il invoque la « noblesse » (p. 550) de son projet, c'est, dérisoirement, dans un wagon de 2e classe qu'il monte à la gare du Nord pour aller conquérir la Toison d'or. Vivre, c'est boire, manger, dormir, c'est aussi chercher on ne sait quoi.

■■■■ LA SOUFFRANCE

La vision phénoménologique de Céline va avoir une ultime conséquence. Nous sommes généralement plus touchés par la souffrance physique de l'homme que par celle des animaux parce que nous accordons à l'homme, seul de tous les êtres vivants, une âme et une raison. Bardamu ne connaît que la chair torturée et le sang qui coule. Le deuxième chapitre du *Voyage* (p. 21 *sqq.*) juxtapose la mort du colonel et une scène à l'abattoir, ce qui veut dire évidemment que bœufs, moutons, colonel et homme de liaison, c'est une même boucherie, et ce serait une erreur de croire que Céline ne songe qu'à faire bon marché de la mort du colonel, car lorsque Bardamu s'évanouit dans le pré où l'on découpe la viande, il commente : « La guerre ne passait pas » (p. 33). Les animaux sont rares dans le *Voyage* et ce passage y est à peu près isolé. Mais *D'un château l'autre* contiendra tout un bestiaire par lequel sera remis en cause l'humanisme. C'est là un des points extrêmes atteints par Céline et l'un de ceux par lesquels il est un précurseur dans l'exploration des problèmes que nous nous posons aujourd'hui.

Voyage au bout de la nuit ne nous propose rigoureusement que la face du monde visible pour les pauvres. Avec quelque hésitation Céline adopte l'hypothèse que le monde est l'ensemble des phénomènes. On peut donc lire le *Voyage* et *Mort à crédit* comme si l'opposition d'être et de paraître n'avait pas de sens. Le génie de Céline dépend précisément de la présentation phénoménologique de ses récits. Ce génie n'était pas né lorsqu'il écrivait *L'Église* où toute chose a un envers. Il s'effondrera quand, dans ses pamphlets et ses féeries, Céline voudra nous dévoiler quelles forces occultes mènent les hommes. Il renaîtra quand le vieil écrivain, peut-être désespérant de faire entendre son « message », en reviendra à dire simplement ce qu'il a vu dans *D'un château l'autre* et dans *Nord*.

En orientant le roman français vers une phénoménologie, Céline a pris place parmi les plus grands écrivains de l'entre-deux-guerres. On peut reculer d'horreur devant son désespoir. On ne peut nier la puissance de l'artiste. Et puis on peut aussi aimer tant de tendresse cachée pour ce qui endure sur terre tant de souffrance. Mais la force et la nouveauté de *Voyage au bout de la nuit* ne se limitent pas à cet aspect du roman.

8 Problèmes de structure

Voyage au bout de la nuit fait d'abord figure d'un de ces romans qui avancent au hasard. Les aventures picaresques de Bardamu semblent se succéder au fil du temps sans que l'on sache où l'on va.

Or, il n'en est rien. Je voudrais montrer dans un premier temps que le *Voyage* est soigneusement composé, que les épisodes se font écho, se répondent et s'entrelacent. Je voudrais ensuite dégager la structure d'ensemble du roman et en tirer cette conclusion que certaines symétries dénoncent un sens qui peut échapper à première lecture.

■■■■■ LE TISSU DU RÉCIT

En remarque préliminaire, disons que, comparé aux chefs-d'œuvre de virtuosité que l'on fabrique en France depuis Balzac, le *Voyage* est un roman mal fait. Les coïncidences y sont un peu trop surprenantes. Par exemple, Bardamu revient à Rancy le jour où meurt Henrouille (p. 469-474), séjourne à Toulouse le jour où l'on y assassine la vieille Henrouille (p. 519-520), est envoyé dans la brousse pour succéder à un employé qui n'est autre que Robinson (p. 211 *sqq.*). La mémoire de notre narrateur est vraiment à éclipses : p. 142, à Paris, il identifie tout de suite un soldat au réserviste de Noirceur-sur-la-Lys ; mais il met une journée et une nuit à retrouver qui peut bien être un barbu nommé Robinson, p. 220. A ce niveau de la technique romanesque Céline ne s'est pas donné beaucoup de peine.

Quoi qu'il en soit, on ne voit pas à première lecture quelle est l'utilité des discours de Parapine sur Napoléon (p. 446-447), non plus que celle des bavardages des vendeuses et des clientes dans la pâtisserie de Toulouse (p. 481 *sqq.*). Si nous n'arrivons pas à replacer ces textes, et d'autres du même genre, dans le roman, nous devrons nous résigner à les considérer comme des faiblesses de construction.

Des liens subtils
entre les épisodes

Cependant, regardons de plus près. On s'aperçoit d'abord que la dérive du récit d'un épisode à l'autre dissimule parfois un lien subtil : on glisse de Bébert à Parapine, par exemple, puisque c'est pour soigner le premier que Bardamu va trouver le second. Mais si l'on rapproche ce fait de cet autre fait que l'enfant mène aussi Bardamu chez les Henrouille, on constate que toute une partie du roman s'accroche à Bébert et que ce personnage que l'on pouvait croire épisodique est en réalité le pivot de tout le séjour de Bardamu à la Garenne-Rancy. Le véhément morceau de bravoure de Céline contre l'Institut Bioduret Joseph (p. 354-364) n'est pas non plus hors de saison au milieu de l'agonie de Bébert ; c'est que ce texte n'est pas du tout une mise en accusation de la Science mais la mise en accusation d'une organisation de la recherche où nul ne s'avise que ces laboratoires seraient faits pour sauver Bébert. Ce gosse qui ressemble à un « singe étique » (p. 310) est au centre de la carrière de Bardamu médecin de quartier et donne son unité artistique au récit.

Reconsidérons alors les prétendus hors-d'œuvre dont nous parlions plus haut. La tirade de Parapine contre Napoléon s'insère bizarrement dans le passage où il est dit que Parapine mène de petits crétins au cinéma pour qu'ils se tiennent tranquilles. Comme il est dit aussi que Napoléon, et les conquérants, et les grands meneurs de peuples offrent à l'humanité la dose de rêve nécessaire pour supporter la vie (« Vivre tout sec, quel cabanon ! », p. 448), la conclusion s'impose : autant que le cinéma, les guerres et la haute politique sont des illusions calmantes ; les peuples et les petits crétins de Parapine se laissent également manipuler. En même temps, nous trouvons, loin avant dans le roman, un rappel du thème de la guerre qui avait occupé tout le début. Ces échos à distance cimentent en quelque sorte l'ouvrage. Inversement, les dialogues dans la pâtisserie de Toulouse, s'ils retardent l'entrée en scène de Madelon, l'annoncent. On sait qu'il y a d'abord une discussion confuse des vendeuses sur la morale et le comme-il-faut (p. 481-482) : cela préfigure l'âcreté et la rage de Madelon, ses divagations conformistes d'ouvrière qui veut s'embourgeoiser. Puis viennent les propos des clientes sur le fonctionnement de leurs intestins (p. 483-484), et c'est la préfiguration de la vulgarité de Madelon sous ses faux airs distingués. Madelon n'est pas un monstre : comme les vendeuses, pauvres, elle emploie de grands mots ; comme les clientes, riches et aristocratiques, elle sera soumise à son corps. En face de Robinson elle représentera le tout-venant de la société.

Des thèmes récurrents

Au contraire de ces rapprochements d'éléments dont la diversité n'est qu'apparente, le même thème peut se trouver dispersé dans plusieurs anecdotes dont l'ensemble suggère exactement le contraire de ce qui paraît à une lecture fragmentaire. Page 60, Robinson, rencontrant son capitaine blessé à mort et qui appelle « Maman ! maman ! », dit au malheureux : « Maman ! Elle t'emmerde ! » Ce coup de pied de l'âne est véritablement indigne et scandaleux. Page 143, le même Robinson est arrivé en permission pour apprendre que sa marraine de guerre vient de se pendre : cette femme vient enfin de se rendre à l'évidence et de comprendre que son fils a été tué. Robinson n'est pas davantage sensible à la pitié : « Moi qui l'avais comme marraine !... C'est bien ma veine, hein ! » Passage non moins odieux que le premier. A la réflexion, il s'agit de la même histoire qui se poursuit à travers des personnages différents : un officier meurt en appelant sa mère, une mère meurt en apprenant la mort de son fils. Ce sont des riches.

Les pauvres, qu'on envoie tous les jours à la mort sans faire tant d'histoires, s'étonnent de voir un bourgeois, un gradé « pleurnicher » (le mot est de Robinson lui-même) et appeler une présence chère auprès de lui au lieu d'accepter la solitude de la mort. De l'autre côté du drame, du côté de la mère, Robinson ne comprend pas davantage la sensiblerie : « Est-ce que je me pends moi dis ?... Du chagrin ?... J'passerais mon temps à me pendre moi alors !... Et toi ? » (p. 144). Le propos suivant du troisième personnage de la scène, le nommé Voireuse, souligne que le problème est bien celui de l'endurance au malheur des différentes classes sociales ; il a « bon cœur » : « — Les gens riches, fit Voireuse, c'est plus sensible que les autres... » La mort exemplaire sera justement celle de Voireuse que, par une anticipation rare dans le *Voyage*, Céline place tout de suite après la mort de la marraine de Robinson et non à sa place chronologique, plusieurs mois après. Gazé, il sera envoyé au loin, en Bretagne, pour y mourir sans bruit, et nous ne saurons jamais s'il avait une mère en ce monde. Ainsi ces deux passages cyniques, impitoyables, rapprochés entre eux et confrontés à la mort d'un pauvre, exaltent le courage des humbles qui savent, peut-être par habitude, supporter la douleur sans phrases et sans drame, avec dignité.

Ces effets relèvent d'une mise en place qui est proprement le montage. Céline appartenait à une génération de romanciers et de cinéastes pour qui cette partie du travail artistique était essentielle.

███████ STRUCTURE D'ENSEMBLE

On a depuis longtemps remarqué — cela saute aux yeux —, que *Voyage au bout de la nuit* est composé de deux parties à peu près égales. La coupure est constituée par l'intervalle de plusieurs années qui sépare le moment où Bardamu quitte l'Amérique (p. 301), et celui où il s'établit à la Garenne-Rancy (p. 303). Si l'on considère le découpage picaresque par les lieux où se déroulent les événements, nous pouvons diviser l'une et l'autre moitié en quatre grands mouvements :

● d'une part :

— la zone des combats pendant l'été 1914 (p. 21-66)
— les hôpitaux militaires à Paris (p. 67-145)
— l'Afrique (p. 147-236)
— les États-Unis (p. 237-301)

● d'autre part :

— la Garenne-Rancy (p. 303-435)
— les grands boulevards à Paris (p. 437-474)
— Toulouse (p. 475-520)
— l'asile de Vigny-sur-Seine (p. 521-632).

Les quatre premiers chapitres de la deuxième partie, c'est-à-dire les chapitres 20 à 23 (p. 303-349), reprennent, avec la même étendue, le thème des quatre premiers chapitres du roman (p. 15-66) : il s'agit de la misère à laquelle les riches condamnent le pauvre monde, d'abord en guerre, puis pendant la paix. Robinson, un Robinson désemparé, apparaît au quatrième chapitre, et parallèlement au chapitre 23. L'époque des hôpitaux militaires est une époque indécise, non pas un repos, mais un arrêt dans les ténèbres, comme le temps que Bardamu passe près des grands boulevards, au Tarapout et à l'hôtel voisin, est « une sorte d'escale interdite et sournoise » (p. 457) entre deux angoisses. On peut noter encore que Bardamu part à demi volontairement pour Toulouse, comme il était parti pour l'Afrique : au moins a-t-il décidé de prendre son billet. A l'arrivée, il trouvera Robinson, par hasard dans le premier cas, exprès dans le second, et un Robinson exceptionnellement présentable, agent colonial ou embourgeoisé. Les deux parties finissent l'une comme l'autre, aux États-Unis et à Vigny, par des histoires de femmes, pour parler familièrement : Molly pour la première, Madelon pour la seconde. Tant à Detroit qu'à Vigny, Robinson sera une épave.

A partir de ce parallélisme, la première partie semble suivre une marche ascendante, allant des horreurs de la guerre à l'amour de Molly à travers un monde certes affreux mais qu'éclaire l'amour d'Alcide pour sa nièce. La seconde partie commence par les mêmes horreurs que la première ; mais ensuite on descend jusqu'à la mort de Robinson en passant par l'évocation des malades qui agonisent, par l'épisode de

CHAPITRES	PAGES	LIEUX PRINCIPAUX	ÉPISODES
1-4	15-66	La guerre en Flandre	←
4	47-66		Robinson ←
5-9	67-145	Hôpitaux parisiens	←
10-14	147-236	L'Afrique	←
12	183-208		Alcide
13	209-227		Robinson ←
15-19	237-301	L'Amérique	←
19	296-299		Robinson ←
19	285-301		Molly ←

la fillette martyre (p. 338-339), en passant surtout par la mort de Bébert et l'assassinat d'Henrouille et de la vieille Henrouille.

Cependant, à cet équilibre assez exact des grandes masses se superpose un réseau de correspondances en oblique. La clinique psychiatrique placée à la fin de la deuxième partie reprend le thème des hôpitaux militaires qui viennent en seconde position dans la première partie. Surtout la mort de Bébert fait écho à l'histoire de la nièce d'Alcide. Dans les deux cas il s'agit de l'amour d'un adulte pour un enfant. Quelque chose se passe entre deux êtres humains. Mais c'est Alcide qui aime sa nièce ; Bardamu n'est que le témoin de cet amour ; c'est la bonté et la gentillesse d'Alcide qui préfigurent la bonté et la gentillesse de Molly. Tandis que dans la seconde moitié du roman, c'est Bébert lui-même qui par sa mort préfigure la mort de Robinson ; car l'enfant mourra innocent comme l'homme préférera le coup de revolver de Madelon aux compromissions de la vie.

Nous pouvons essayer de résumer tout cela par le tableau ci-dessous.

ÉPISODES	LIEUX PRINCIPAUX	PAGES	CHAPITRES
⟶	Banlieues ouvrières	303-349	20-23
⟶ Robinson	....	343-349	23
.... Bébert		351-370	24-25
....	Banlieues ouvrières (suite)	371-435	26-31
⟶	Les grands boulevards	437-474	32-34
⟶	Toulouse	475-520	35-38
⟶ Robison	....	491-520	36-38
⟶	L'Asile de Vigny	521-624	39-44
⟶ Robinson	....	559-624	41-44
⟶ Madelon	....	576-620	41-44
....	Le fleuve	625-632	45

Un roman sur l'amour

Voyage au bout de la nuit est incontestablement le fruit d'un effort architectural. Ce qui me frappe, c'est la symétrie entre les deux finals. Le personnage de Madelon répond assez exactement au personnage de Molly, correspondance qui passerait inaperçue, il faut le souligner, si l'assassinat de Robinson par Madelon n'était situé dans la seconde partie à la même place que les adieux à Molly dans la première. Ainsi, à mes yeux, tout le sens du roman est fondé sur sa structure.

On convient généralement que les femmes sont absentes de l'univers romanesque de Céline. Lui-même a semblé l'avouer, presque à la fin de sa carrière, dans *D'un château l'autre*, publié en 1957 : « Mystère féminin… c'est une sorte de musique de fond… […] Mme Bonnard, […] j'ai failli avec elle comprendre certaines ondes… mes romans seraient tout autres… » (Éd. Folio, p. 305-306). Il est de fait que, dans l'œuvre de Céline postérieure à *L'Église*, la seule femme à propos de qui le romancier ose évoquer explicitement l'amour, l'amour partagé, c'est Molly. Molly est à peine esquissée, mais c'est un être humain à part entière. Cela est également vrai de la vieille Henrouille. Il y aurait toute une étude à faire sur la manière dont Céline, dans les romans postérieurs au *Voyage*, a saisi les femmes dans leur différence avec les hommes, c'est-à-dire dans leur féminité. Mais il est certain que ces femmes ne seront plus des femmes désirables et que Céline pour la seule et dernière fois, dans son premier roman, a dit ce qu'il attendait de l'amour.

La comparaison de Molly et de Madelon nous permet donc de dégager certains traits de la quête amoureuse selon Céline. Cette quête aboutit à un échec dans l'un et l'autre cas : Ferdinand quitte Molly et Madelon tue Robinson. Aucun de ces deux échecs n'est d'ailleurs fatal. Bardamu et Robinson rencontrent, l'un Molly, l'autre Madelon, trop tard. « T'arrives trop tard ! » hurle Robinson (p. 618), et Bardamu s'en va parce qu'avant Molly il a malheureusement rencontré Lola et Musyne, Lola surtout : « Il était trop tard pour me refaire une jeunesse » (p. 292). Quoi qu'il en soit, ce sont les deux hommes qui s'enfuient, car c'est bien le désir de s'échapper à tout prix qui amènera Robinson à provoquer les coups de revolver de Madelon lorsqu'il ne verra plus d'autre moyen d'être débarrassé d'elle. Cette analogie de situation montre à elle seule que l'amour est vu du point de vue de l'homme.

▬▬ AMOUR ET LIBERTÉ

Dès lors, à travers l'opposition trait pour trait entre deux personnages féminins, par l'éloge de l'un et la condamnation de l'autre, le texte va laisser entendre ce qu'on demande à une femme dans les rapports amoureux. Tout d'abord Madelon est insupportable parce qu'elle veut imposer à Robinson sa conception de l'amour et sa présence constante. Que l'on relise les explications de Robinson p. 564 *sqq.* jusqu'à la conclusion : « On peut dire qu'elle était amoureuse et bien emmerdante » (p. 571). Si nous cherchons en quoi Molly diffère des autres femmes, nous nous apercevons qu'elle laisse autrui, et Ferdinand en particulier, toujours parfaitement libre : « Vous faites, n'est-ce pas, Ferdinand, exactement ce que vous avez bien envie de faire ? Voilà ce qui est important… » (p. 300). La forme interrogative prouve la nature de l'inquiétude : si Ferdinand ne se trompe pas sur lui-même, alors Molly n'a pas à juger la conduite de son amant. Or, Bardamu a véritablement été perverti par la rencontre de Lola : cette femme avait exigé de notre héros qu'il fût absolument conforme à l'image qu'elle s'était forgée du soldat en allant jusqu'à être sûre d'avance que son Ferdinand est bon tireur (p. 79). Après cela Bardamu aura besoin d'avoir la preuve que le libéralisme de Molly n'est pas seulement verbal. L'unique vraie preuve que celle-ci puisse donner de son respect pour la volonté de l'autre, c'est de le laisser s'éloigner et rentrer en Europe. Voilà la « gentillesse » de Molly (p. 301). Il n'y a entre Molly et Ferdinand qu'une scène d'amour possible, c'est la scène de rupture.

L'amour n'est le plus fort des liens que s'il n'empêche pas une parfaite liberté. Constatons que ni Bardamu ni Robinson ne trouvent de solution à cette contradiction.

La seconde opposition importante entre les deux femmes vient de la claire franchise de l'une et du mensonge où est enfoncée l'autre. Écoutons Robinson s'adressant à Madelon : « Tous les sentiments que tu vas chercher pour que je reste avec toi collé, ça me fait l'effet d'insultes si tu veux savoir... Et tu t'en doutes même pas non plus parce que c'est toi qui es une dégueulasse parce que tu t'en rends pas compte... Et tu t'en doutes même pas non plus que tu es une dégoûtante !... [...] Ou bien c'est-y que tu vois rien ?... Je crois plutôt que tu t'en fous !... Tu fais la sentimentale pendant que t'es une brute comme pas une... » (p. 618-619). C'est clair : Madelon se ment à elle-même et veut imposer son mensonge à Robinson ; elle ne sait que déguiser les réalités de la chair derrière un leurre de grands sentiments.

En regard, la « bonne », l' « admirable » Molly ne cache rien et avoue en toute lucidité ce que sont l'homme et la femme en face l'un de l'autre. En acceptant franchement l'amour physique, elle s'unit avec Ferdinand par un lien pur de toute hypocrisie. Ainsi elle lui apporte ce qu'il cherche, car, nous l'avons déjà dit, Bardamu ne se soucie guère que de ce que les femmes peuvent donner aux hommes et Céline ne semble jamais avoir soupçonné l'existence du problème inverse, même en pensant à Mme Bonnard. Or, ce dont les hommes ont besoin, pour Céline, et cela dès la thèse du Dr Destouches, c'est de transgresser une logique étroite qui est selon lui celle des hommes de science. Céline a été hanté par le besoin de faire sa part à l'irrationnel. Molly va donner à Bardamu la possibilité d'atteindre ce pays au-delà de la raison masculine. D'abord par la simple proposition de sa beauté. Dans *L'Église*, une pauvre petite Janine s'offrait à Bardamu et il ne la prenait pas parce qu'elle était laide, et il lui expliquait que la beauté ne ment pas et ne se justifie pas. Aucun discours ne peut rendre compte de la beauté. Dès lors la raison de vivre de l'homme, si tant est qu'il en ait une, sera de perpétuer la joie que lui a donnée un corps féminin parfait. Parlant de Molly, Bardamu nous confie : « J'ai gardé tant de beauté d'elle en moi, si vivace, si chaude que j'en ai bien [...] pour au moins vingt ans encore, le temps d'en finir » (p. 301). Surtout la femme apporte à l'homme l'instant de déraison de l'acte sexuel. Comme toujours, c'est dans *L'Église* que nous trouvons en clair l'idée abstraite de Céline ; c'est Vera qui parle : « Les hommes ne comprennent bien, et surtout vous, qu'en faisant ce que vous savez. [...] Ah ! Ferdinand... tant que vous vivrez, vous irez entre les jambes des femmes demander le secret du monde ! » (Éd. Balland, p. 474).

On a l'habitude de voir dans l'œuvre de Céline le débordement incontrôlé d'une verve, d'un lyrisme, d'une fureur. Et pourtant, si l'on regarde sans préjugé *Voyage au bout de la nuit*, il semble que le récit se répartisse en deux moitiés qui se font pendant. Il est donc légitime de se demander si c'est par hasard que deux personnages, d'ailleurs imaginés pour offrir un contraste parfait, sont placés à la fin et comme au sommet de chacune des deux parties. Je suis convaincu que ce roman a, à proprement parler, un sens et qu'il conduit le lecteur vers une certaine idée des rapports de l'homme et de la femme. Est-ce aussi pour cela que cette œuvre était si chère à Céline ? Il y avait dit un de ses secrets sur lequel il ne reviendra jamais plus.

10 L'unité du roman

Il est à craindre que *Voyage au bout de la nuit* ne nous apparaisse comme un attelage de deux romans, l'un dont le héros serait Bardamu, l'autre qui serait l'histoire de Robinson. Tout au plus pourrait-on dire que les deux romans parallèles tirent leur signification de leur juxtaposition.

ROBINSON

Le Robinson de la seconde partie n'est plus exactement celui de la première. Lorsqu'il reparaît après son retour en Europe, il devient une sorte de double de Bardamu. C'est une raison technique qui oblige Céline à gauchir ainsi son personnage. Dans *L'Église*, il y avait déjà un Bardamu, et c'était sur lui que, au moins dans la version de la pièce que nous pouvons lire, tirait une jeune fille. Si Céline, écrivant le *Voyage*, décide que l'homme sur lequel on tire doit mourir, il est bien évident que cet homme ne peut être le narrateur : un narrateur peut faire bien des choses, mais non pas raconter sa mort et son enterrement. Autrement dit le narrateur ne peut aller au bout de la nuit où il rencontrera sa mort ; Robinson fera donc le voyage qui est interdit à Bardamu. L'analogie entre la fin de *L'Église* et la fin de *Voyage au bout de la nuit* n'est pas le seul indice montrant que dans l'imagination de Céline Robinson est un autre Bardamu. En voici d'autres. Évoquant des souvenirs avec Robinson, Bardamu dira « notre gentille Molly » (p. 418), alors qu'en Amérique Robinson ne semble même pas avoir su que Molly existait. Nous lisons en outre, page 448, une phrase inattendue qui institue une sorte de jumelage entre les deux héros : « Robinson était un garçon tracassé par l'infini aussi, dans son genre. » Et peu à peu Robinson choisira de mourir pour des raisons qui sont dans le prolongement de la méditation de Bardamu à New York : « J'en avais trop vu », dit l'un en songeant à la mort, dans la première partie (p. 256) ; « Entre toi et moi, y a toute la vie », s'écriera l'autre pour écarter Madelon (p. 619). Le Robinson de la première partie n'avait pas les mêmes inquiétudes. Nous pouvons alors conclure que c'est bien la même histoire qui se poursuit, vécue par deux héros différents.

Si nous ne sommes pas des lecteurs trop naïfs, si nous admettons qu'un roman peut être autre chose que le récit d'une vie, la substitution de Robinson à Bardamu ne rompra pas à nos yeux l'unité de l'œuvre.

▰▰▰ BARDAMU

Mais le transfert à Robinson de la charge principale modifie radicalement la situation du narrateur. Voilà qui risque bien davantage de changer l'orientation du roman tout entier. Dans la première partie, tout est simple : Bardamu éprouve lui-même les peines dont il parle, la guerre, la détresse et la maladie, le besoin de fuir Molly. Il s'agit ici de solidarité, de la solidarité des victimes entre elles : si chacun pense aux autres, c'est parce qu'il a d'abord pensé à soi.

Dès le premier chapitre de la seconde partie, p. 303 à 313, voilà Bardamu médecin : « Les études ça vous change, ça fait l'orgueil d'un homme » (p. 307). Il a ouvert un cabinet à la Garenne-Rancy, ayant choisi cet endroit « pour penser tranquille » *(ibid.)*. Il a renoncé aux aventures, il n'a « rien que seulement l'envie de souffler un peu et de mieux bouffer un peu » (p. 304). Bref, il s'est retiré de l'action et de la vie, il est devenu le spectateur de la vie des autres. Tout le chapitre est porté par une double image. D'abord l'image d'un fleuve qui coule : « Les hommes ça les rend méditatifs de se sentir devant l'eau qui passe » (p. 305), ce qui résume et symbolise une foule en mouvement : « Je les regardais passer, et passer encore, pour me distraire, les gens filant vers leur théâtre ou le Bois, le soir » (p. 303), et plus loin : « En banlieue, c'est surtout par les tramways que la vie vous arrive le matin. Il en passait des pleins paquets avec des pleines bordées d'ahuris bringuebalant, dès le petit jour, par le boulevard Minotaure, qui descendaient vers le boulot » (p. 304). A cette image s'oppose celle d'un marécage immobile : « La lumière du ciel à Rancy, c'est la même qu'à Detroit, du jus de fumée qui trempe la plaine depuis Levallois. Un rebut de bâtisses tenues par des gadoues noires au sol. Les cheminées, des petites et des hautes, ça fait pareil de loin qu'au bord de la mer les gros piquets dans la vase » (p. 304). Bardamu reste dans cette eau morte. Est-il devenu un observateur désengagé à qui la pitié tiendrait lieu d'humanité ?

Si nous sommes obligés de répondre par l'affirmative à cette question, *Voyage au bout de la nuit* devient dans sa seconde moitié une sorte de roman documentaire sur les milieux populaires pour l'édification des lecteurs de bonne compagnie.

Céline a voulu tout au contraire qu'au fur et à mesure du déroulement de son roman Bardamu fût, non pas détaché des hommes, mais de plus en plus lié à eux par un lien plus étroitement serré.

Après la phrase de la page 304 que je viens de citer et qui compare Rancy à la gadoue et à la vase, Céline n'a pas fait dire à Bardamu : « Là-dedans, c'est *moi* », il a écrit : « Là-dedans, c'est *nous*. » Cette première personne du pluriel ne peut être que le signe d'une solidarité entre le narrateur et les autres habitants de cette banlieue misérable. On s'aperçoit alors que l'opposition entre *je* et *ils* qui devrait dominer le chapitre si Bardamu s'était retiré du jeu est beaucoup moins fréquente qu'on ne le prévoyait. Dès la page 304, après deux *on* sans valeur spéciale, nous lisons : « *On* se rend alors compte où qu'on *vous* a mis. » Le *on* que je n'ai pas souligné en italique est sans intérêt, mais il est évident que le premier *on* et *vous* sont à peu près des premières personnes du pluriel. La description de la Garenne-Rancy, de la page 303 à la page 308, si elle contient 32 fois la première personne du singulier et 20 fois la troisième personne du pluriel, contient jusqu'à 37 fois *on* et 9 fois *vous* ; *nous* ne revient que deux fois, d'abord dans la phrase que j'ai citée, ensuite page 308 : « Dans le fond de la plaine, c'étaient nous, et les maisons où on demeurait. » Il faut relire tout le passage pour sentir l'effet saisissant de ces deux *nous* parmi les *on*. D'ailleurs Bardamu n'est pas venu s'installer par hasard à Rancy : « J'ai été m'accrocher en banlieue, mon genre » (p. 303). Ces études de médecine, dont nous pouvions imaginer qu'elles le tireraient de la condition misérable des foules, le narrateur en fait un autre usage : « Il faut bien passer par là [par les études] pour entrer dans le fond de la vie. Avant, on tourne autour seulement. [...] Avec la médecine, moi, pas très doué, tout de même je m'étais bien rapproché des hommes, des bêtes, de tout » (p. 307).

■■■■■ LA COMMUNION HUMAINE

La seconde partie est la peinture non de la solidarité, mais de la communion humaine. Nous avions mis en parallèle Alcide et Bébert. Alcide était le dévouement et l'amour, une sorte de héros : la sympathie de Bardamu pour lui avait un motif. Bébert n'est que le premier gosse venu et le narrateur se prend d'affection pour ce premier venu, et ce sentiment est partagé : « Sur sa face livide dansotait cet infini petit sourire d'affection pure que je n'ai jamais pu oublier. Une gaieté pour l'univers » (p. 309). Cette seconde moitié du *Voyage* narre des attachements que rien ne justifie, ni un attrait sexuel, ni un intérêt commun, ni une similitude de condition.

Les rapports de Bardamu et de Robinson dans cette seconde partie vont beaucoup plus loin. Même si le Robinson deuxième manière est né dans l'imagination de Céline par un dédoublement de Bardamu, il est maintenant un personnage de premier plan, autonome. Le couple Bardamu-Robinson va permettre à l'auteur de préciser par quelle indissoluble soudure les humains sont liés entre eux. Les deux personnages sont complices, et non pas seulement parce que le secret médical a entraîné Bardamu à craindre pour lui-même une enquête de la police (p. 412). Bardamu avait été prévenu par Robinson de ce qui se préparait (p. 397) ; il avait bien essayé par la persuasion de détourner le malheureux du crime (p. 389-390) et il avait échoué : comment écarter de son chemin, où qu'il aille, un homme dont la misère est sans remède ? Dès lors Bardamu a part au mal qu'il n'a su empêcher. Nous sommes responsables de tout malheur que nous n'avons pas su conjurer, et comme nous ne pouvons en conjurer aucun, nous sommes responsables de toutes les horreurs de la Terre. C'est bien ce que dit Bardamu : « Je n'étais bon à rien. Je ne pouvais rien faire » (p. 338) ; pour lui, le crime de Robinson, la mort de Bébert ou le martyre de la fillette torturée par ses parents posent le même problème : « Je n'arrivais jamais à me sentir entièrement innocent des malheurs qui arrivaient » (p. 354). C'est l'apparition dans l'œuvre de Céline du sentiment de culpabilité qui envahira *Mort à crédit*.

Mais tout de suite l'entrée en scène de l'abbé Protiste va permettre à Céline de montrer que ce sentiment n'est pas propre à Bardamu : « Maintenant qu'il nous avait rejoints dans notre angoisse il ne savait plus trop comment faire le curé, pour avancer à la suite de nous quatre dans le noir. Un petit groupe. Il voulait savoir combien qu'on était déjà dans l'aventure ? Où que c'était que nous allions ? Pour pouvoir, lui, aussi, tenir la main des nouveaux amis vers cette fin qu'il nous faudrait bien atteindre tous ensemble ou jamais. On était maintenant du même voyage. Il apprendrait à marcher dans la nuit le curé, comme nous, comme les autres » (p. 430). Si l'abbé Protiste, qui est vraiment n'importe qui, encore plus que Bébert, est ainsi engagé, c'est que tout être humain peut à tout instant se trouver engagé dans l'aventure d'un de ses semblables.

Cette communion n'est pas la vague sensation humaniste qui unit les riches après un bon repas bien arrosé, c'est la complicité des pauvres dans le mal, dans la faute, dans la souffrance, puisque tel est leur lot.

D'une partie à l'autre de *Voyage au bout de la nuit* Bardamu n'a pas tiré son épingle du jeu. Le roman est fortement unifié par le sentiment que les hommes sont solidaires, complices, frères. Le mouvement général de l'œuvre consiste à descendre plus avant de page en page et à montrer que ce lien est quasi essentiel. Quand on le retrouve médecin dans sa banlieue, Bardamu a vieilli ; ce qui n'était qu'une réaction de défense collective contre les agressions du monde est devenu chaleur et tendresse. Tout cela est dit sans que Céline sorte du domaine des phénomènes : il ne s'agit pas des Hommes, ni de l'Humanité, mais de Ferdinand Bardamu, de Robinson, de l'abbé Protiste ; et cette culpabilité qui les rive les uns aux autres n'est le signe de rien, ne renvoie à rien, ne sert à rien. Les choses sont ainsi.

11 Céline et le langage

▰▰▰ LES MOTS DANS LA VIE

Pouvoir des mots

Céline croit au pouvoir des mots. Nous en trouvons la preuve la plus concrète dans la scène du lynchage manqué à bord de l'*Amiral Bragueton*. Ce pouvoir des mots est limité, mais enfin c'est en parlant que Bardamu sauve sa vie. Dans un premier temps nous constatons que les mots peuvent au moins empêcher d'agir : « Je ressentis en entendant ces mots un immense soulagement. J'avais redouté quelque mise à mort imparable, mais ils m'offraient, puisqu'il parlait, le capitaine, une manière de leur échapper. Je me ruai vers cette aubaine » (p. 157). En parlant, le capitaine s'interdit de frapper, c'est évident. Bardamu se lance alors dans un grand discours justificatif et patriotique. Toutefois il n'a pas une confiance absolue dans ce moyen immatériel d'arrêter le capitaine : « J'allai droit à lui et lui serrai les deux mains dans une étreinte d'émotion. J'étais un peu tranquille ayant ses mains enfermées dans les miennes. […] Sans lui lâcher les mains, bien entendu, je redoublai d'éloquence » (p. 158). Il faut ajouter que la défense de Bardamu ne serait pas efficace avec tous les adversaires : « Tant que le militaire ne tue pas, c'est un enfant. On l'amuse aisément » *(ibid.)*. Quoi qu'il en soit, parler constitue un piège où autrui peut tomber. Bardamu crie « Vive la France ! » en guise de péroraison ; voilà trois mots qui font de l'effet : « J'observai parmi les auditeurs un petit moment d'hésitation, mais tout de même il est bien difficile à un officier aussi mal disposé qu'il puisse être, de gifler un civil, publiquement, au moment où celui-ci crie si fortement que je venais de le faire : « Vive la France ! » Cette hésitation me sauva » (p. 159-160). Et Bardamu commente : « Ce fut le seul cas où la France me sauva la vie » (p. 159), non pas la France, mais le nom qui la désigne.

En partant de ce texte où les mots empêchent d'agir, on s'aperçoit que le monde célinien est plein de paroles agissantes ; ce sont les ordres des supérieurs militaires ou civils. Je n'ai pas besoin de donner de référence précise : il suffit de relire les souvenirs de guerre de Bardamu dans les 145 premières pages du roman. Plus insidieusement, ce sont des discours, comme Princhard l'explique à Bardamu (p. 92 *sqq.*), qui font que le bon peuple accepte d'aller volontairement à la mort ; et c'est aussi grâce à des discours écrits ou oraux que « marchent tout seuls » les petits employés blancs de Fort-Gono, « perfectionnés par l'instruction publique » (p. 183). Le langage articulé est d'abord, et presque uniquement, l'instrument le plus économique de l'oppression sociale. Terrible efficacité des mots !

Discours mensongers

Dans le *Voyage*, mis à part les ordres précis qui ne sont ni vérité ni mensonge, les discours qui cimentent les rapports sociaux, la hiérarchie sociale, sont universellement mensongers. Les maîtres mentent pour maintenir les hommes à leur place dans le monde. Il nous suffit de rappeler les cas que nous avons déjà étudiés : les discours du professeur Bestombes (p. 114 *sqq.*) qui, en renvoyant ses malades se faire tuer au front, travaille à assurer tant bien que mal le fonctionnement de la société française en guerre ; les confidences filandreuses du Dr Baryton (p. 524 *sqq.*), grâce auxquelles ce brave homme entreprend de faire rentrer Parapine et Bardamu dans le système profitable aux cliniques psychiatriques privées. Les mots sont mensongers car ils masquent les rapports de force, et ils sont efficaces dans la mesure où ils se substituent à la violence physique.

Cependant le pauvre ment aussi en face du riche ou du puissant. Les envolées lyriques de Bardamu sur la Patrie à bord de l'*Amiral Bragueton* sont des mensonges. Sont des mensonges les calembredaines héroïques du sergent Brandelore (p. 119), les imprécations de la mère dont la fille s'est fait avorter (p. 330 *sqq.*), les vantardises de Robinson et de Bardamu dans le salon de la péniche (p. 508 *sqq.*) : « La vérité ne demande qu'à vous quitter », dit Bardamu (p. 509). C'est qu'il faut jouer le jeu si l'on veut garder sa place dans le monde ou s'y insérer et y survivre. Brandelore, à grand renfort de tirades patriotiques, évitera, quoi qu'il arrive, de passer devant le Conseil de guerre ; la mère, qui affirme que le déshonneur de sa fille la tuera, s'agrippe au rang social qu'elle croit avoir atteint ; Robinson et Bardamu espèrent être traités sur pied d'égalité par les riches bourgeois qui les reçoivent : « On en sort des humiliations quotidiennes en essayant comme Robinson de se mettre à l'unisson des gens riches, par les mensonges, ces monnaies du pauvre » (p. 509-510). Ces mensonges sont peut-être pardonnables, ils ne sont ni pieux ni touchants ; ils sont un des pires malheurs de la condition du pauvre, car on n'a pas toujours le courage de refuser les appâts de la société.

Bavardages et injures

Il arrive cependant qu'on ne mente pas dans *Voyage au bout de la nuit*. Nous avons déjà parlé des rencontres entre deux pauvres, amis ou camarades. Pourquoi alors mentir puisqu'on voit la vie du même point de vue et que celui qui parle ne cherche pas à contraindre celui qui écoute ? Et nous avions noté le plaisir que semblent prendre les interlocuteurs à leur conversation. Mais il faut appeler les choses par leur nom. C'est purement et simplement du bavardage : bavardage de Bardamu avec Arthur Ganate, avec Princhard, avec Parapine. Le langage fonctionne alors à vide. Il faut aussi faire une place spéciale aux injures, qui n'ont pas toujours un objet précis dans notre roman. Le matin, quand on va travailler, « on s'engueule dans le tramway déjà un bon coup pour se faire la bouche. Les femmes sont plus râleuses encore que des moutards » (p. 305). Au temps où il écrivait le *Voyage*, Céline semble s'être contenté de reproduire ces échanges d'insultes, sans y voir, semble-t-il, autre chose qu'une sorte de rage impuissante causée par la misère. La parole, gloire de l'espèce humaine, sert, dans le meilleur, — ou plutôt dans le moins mauvais, — des cas à parler pour ne rien dire.

L'impuissance des mots

Mis à part les vains bavardages et les injures, la parole humaine pour Céline ne peut avoir d'autre usage que le fonctionnement de la vie sociale. Elle ne peut dire ni l'amitié, ni la camaraderie, ni l'amour. Après avoir dû renoncer à une explication d'homme à homme avec le colonel, Bardamu retrouve enfin les avant-postes de son régiment et crie : « Le colonel est mort ! » (p. 31). C'est dans son esprit une nouvelle capable de réunir dans un intérêt commun tous les subordonnés de feu le colonel. On sait que le brigadier Pistil réplique : « C'est pas les colonels qui manquent ! » Bardamu est extrêmement déçu : « Je voyais bien que c'était pas la peine de leur rien raconter à ces gens-là, [...] c'était perdu tout simplement pour des dégueulasses pareils ! » (p. 32). Le message de Bardamu n'est pas passé ; son essai de communication humaine n'a pas réussi. Très correctement le brigadier Pistil a ramené le langage à son usage normal ; il donne un ordre : « Et en attendant qu'on le remplace le colonel, va donc, eh carotte, toujours à la distribution de bidoche » (p. 31).

Dans L'Église, Céline avait tenté de faire dire à ses personnages ce qu'ils avaient sur le cœur : admiration, amitié, amour surtout. Étranges scènes d'amour. Les répliques qu'on croirait essentielles sont remplacées par des points de suspension ; on lit des phrases comme celles-ci : « Je vous aime. *(Ils s'embrassent ; elle le regarde bien en face.)* Je ne sais pas dire autre chose et pourtant c'est autre chose » (Éd. Balland, t. I, p. 476). Dans *Voyage au bout de la nuit* la lecture de pareils balbutiements nous est épargnée. Toutefois, il y a bel et bien une scène d'amour dans notre roman. Madelon, à Toulouse, se fait donner la réplique par Robinson dans un dialogue dont voici un échantillon : « — Câlin !... Câlin !... qu'elle le berçait. — Minon !... Minon !... qu'il lui répondait » (p. 516). Robinson refusera de poursuivre ce jeu « des plus plats » (p. 513), ce qui est compréhensible. On ne peut parler l'amour ; avant de mourir, Robinson lui-même nous en donnera la raison : « Ça te suffit de répéter tout ce que bavent les autres... [...] Eh bien moi, je l'emmerde leur amour à tout le monde !... » (p. 618). C'est clair. La langue est un moyen de communication dont les signes sont fournis par la société pour son usage. Ces signes sont inadéquats quand il faut dire ce qu'il peut y avoir d'intime et de personnel dans les êtres humains. L'amour vrai est profané et détruit par la parole. Céline n'a jamais dit autre chose que ceci : l'amour ne s'accommode que du silence, il est vraiment ineffable.

Dans le *Voyage* l'homme est un animal en proie à une malédiction : il est doué du langage articulé. La mère de Bardamu aime son fils comme une chienne, « mais elle demeurait cependant inférieure à la chienne parce qu'elle croyait aux mots » (p. 124). Et c'est parce qu'il y a des gens qui croient aux mots que ceux-ci sont efficaces et que naît tout le malheur du monde. Si un roman de Céline s'inscrit très classiquement entre un commencement et une fin, cela vient de ce qu'un jour quelqu'un, « on », s'est mis à parler, déclenchant ainsi le drame : « Ça a débuté comme ça. Moi, j'avais jamais rien dit. Rien. C'est Arthur Ganate qui m'a fait parler » (p. 15). Et le roman finira quand la sirène d'un remorqueur appellera « vers lui toutes les péniches du fleuve toutes, et la ville entière, et le ciel et la campagne et nous, tout, [...] la Seine aussi, tout » (p. 632) afin « qu'on n'en parle plus ». D'un certain point de vue, le *Voyage* apparaît comme la reconquête du silence après qu'une première parole, imprudemment dite, avait mis en marche la machine infernale.

■■■ LES MOTS DANS LA LITTÉRATURE

Cet écrivain qui pensait que parler est un malheur, pour bien démontrer que c'est un malheur, a fait couler le torrent verbal de ses romans, et ce premier paradoxe se double d'un second : l'abondance des mots procure au lecteur une allégresse énorme. Il nous faut examiner comment Céline a employé un moyen de communication dont il se méfiait.

La langue populaire

Au premier abord le lecteur a le sentiment que la langue de Céline est la langue parlée populaire, et plus précisément la langue populaire parisienne. Disons tout de suite que la langue du roman ne doit pas grand-chose à l'argot ; tout le monde l'admet aujourd'hui. En fait, on trouve dans les textes de Céline les mots d'argot qu'adopte et vulgarise la langue populaire d'une métropole.

Naturellement on a accusé Céline de n'avoir obtenu qu'une fausse langue populaire, reproche qui n'a pas grand sens car la langue populaire est si libre que nul ne peut en définir les normes. D'ailleurs tout le monde est d'accord, et Céline serait le premier à l'être, pour dire que le langage de ses œuvres n'est pas un langage parlé. Marc Hanrez, dans son *Céline*[1],

---

1. Cf. Bibliographie (p. 00).

l'a affirmé et a bien montré qu'on ne pouvait en faire grief à l'écrivain. Indiquons, pour abréger, que l'on trouvera dans ce petit livre l'étude la plus complète et la meilleure sur la langue et le style de Céline. Je ne puis qu'y renvoyer. Toutefois, je ne pense pas, comme le dit Marc Hanrez, que la syntaxe de Céline soit le fruit d'une distorsion du français réputé correct. En mettant avec raison l'accent sur ce qu'a d'élaboré la phrase célinienne, Marc Hanrez néglige le fait que tous les procédés dont il attribue l'invention au romancier sont tirés du parler populaire parisien : par exemple, Marc Hanrez cite[1] une phrase extraite de *Normance* : « Ils insistent tous que je boive chaud » où *pour* n'a pas disparu, comme le croit Marc Hanrez, mais où Céline retrouve seulement un trait de la syntaxe populaire qui ne connaît guère qu'un subordonnant : *que*. Il est certain qu'écrire une pareille phrase suppose beaucoup de travail pour un h omme qui, sous l'influence de son milieu familial et de ses études universitaires, devait normalement employer la langue officielle de la bourgeoisie, conformément au fameux « bon usage » qu'on enseigne en classe. Le projet de Céline est évident, dès *Voyage au bout de la nuit* : par une alchimie analogue à celle qui a transformé la langue parlée dans les salons du XVIIe siècle en langue littéraire classique, il s'agit de créer une langue littéraire fondée sur ce qu'on peut saisir au vol dans les quartiers périphériques de Paris et dans les banlieues. Jusqu'à la fin de sa vie, il n'a cessé de répéter que telle était bien son intention.

Certes la mise en œuvre de ce dessein n'est pas parfaite dans le *Voyage*. Si le vocabulaire est déjà riche en mots populaires, la syntaxe est encore tout empêtrée du français académique. En particulier le passé simple et l'imparfait du subjonctif subsistent en bonne place et donnent au récit un ton « littéraire », au pire sens du mot. Mais la postposition du sujet, par exemple, et l'ordre des éléments de la phrase montrent dans quelle direction va l'effort de Céline. Voici trois lignes qui me semblent un bon échantillon de l'état de la langue célinienne dans notre roman : « Moi, pour me tâter, elle me proposa certain soir le livret d'un père de famille de six enfants, qu'était mort qu'elle disait, et que ça pouvait me servir, à cause des affectations de l'arrière » (p. 84) ; l'élément

---

1. *Céline* (p. 133).

classique, *elle me proposa certain soir*, avec le passé simple et l'emploi élégant de *certain*, jure au milieu d'une admirable phrase dont l'organisation n'a rien à voir avec la grammaire de l'école, mais qui est parfaitement claire et dont l'ondoiement et les méandres évoquent le parler de cette concierge. Céline était sûrement conscient de la dissonance et en a tiré un effet humoristique.

Les points de suspension

L'usage que Céline fait des trois points de suspension dans notre roman appelle la même remarque. On les a beaucoup reprochés à l'auteur des *Féeries pour une autre fois*, de *Guignol's Band*, etc., et il les a revendiqués plus tard comme la caractéristique de son style. On sait qu'ils sont destinés à suggérer la discontinuité et l'ellipse du discours familier où les mots explicites sont comme des points d'ancrage d'une pensée en majeure partie informe. Dans le *Voyage* on les trouve d'abord comme éléments d'un dialogue rapporté : « — Tu vois ! que remarqua Voireuse, quand on fut bien devant, c'est comme une espèce de château... Je te l'avais bien dit... Le père est un grand manitou dans les chemins de fer, qu'on m'a raconté... C'est une huile... » (p. 142). Les points de suspension correspondent bien à des silences, mais dans un discours prononcé à haute voix, et n'interviennent pas dans le système des signifiants. Mais dans les parties de texte que le narrateur prend à son compte, les points de suspension sont exceptionnels. En voici un des rares exemples : « De loin, le remorqueur a sifflé ; son appel a passé le pont, encore une arche, une autre, l'écluse, un autre pont, loin, plus loin... Il appelait vers lui toutes les péniches du fleuve toutes, et la ville entière, et le ciel et la campagne et nous, tout qu'il emmenait, la Seine aussi, tout, qu'on n'en parle plus » (p. 631-632). Dans cette dernière phrase du roman, l'unique séquence de points de suspension qui y figure marque en fait la fin du *Voyage* : ils signifient la retombée au silence. La phrase suivante n'est guère que le commentaire de ces points : « qu'on n'en parle plus ». Céline suggère ainsi quelque chose d'informulé, ou d'inachevé, dans le flot du discours. C'est un procédé qui prendra de l'importance dans son œuvre après *Mort à crédit*.

Une écriture révolutionnaire

Créer une langue littéraire est déjà un bel exploit. Mais Céline a visé tout autre chose. On ne s'attendrait sans doute pas qu'il ait jamais livré ses secrets. Il l'a pourtant fait dans les *Entretiens avec le professeur Y*. Le point de départ, c'est l'affirmation suivante : « L'émotion ne se retrouve, et avec énormément de peine, que dans le ''parlé''... l'émotion ne se laisse capter que dans le ''parlé''... » (Éd. Balland, t. III, p. 361). Passons sur « l'émotion » pour l'instant, mais retenons que cette allusion au « parlé » sous-entend que pour Céline déjà la littérature, c'est l'écriture du « parlé ». Voyons donc comment il envisageait le travail de l'écrivain pour atteindre ce « parlé » : « J'hésite pas moi !... c'est mon génie ! le coup de mon génie ! pas trente-six façons !... j'embarque tout mon monde dans le métro, pardon !... et je fonce avec ; j'emmène tout le monde !... de gré ou de force !... avec moi !... [...] Grâce à mes rails profilés ! mon style profilé ! [...] *Exprès profilés* !... spécial ! je les lui fausse ses rails au métro, moi ! j'avoue !... ses rails rigides !... je leur en fous un coup !... il en faut plus !... ses phrases bien filées... il en faut plus !... son style, nous dirons !... je les lui fausse d'une certaine façon, que les voyageurs sont dans le rêve... qu'ils s'aperçoivent pas... Le charme, la magie [...] la violence aussi !... j'avoue !... tous les voyageurs enfournés, bouclés, double tour !... tous dans ma rame émotive !... pas de chichis !... je tolère pas de chichis ! pas question qu'ils échappent !... non ! non ! » (*ibid.*, p. 389).

En fait, ce texte n'est guère compréhensible, mais dans une version antérieure de cet opuscule, publiée par Jean-A. Ducourneau en note au tome III de l'édition Balland, nous lisons : « Les rails que je vous indique sont des rails de style... de style émotif... de style du métro émotif... des rails qu'ont l'air droit qui le sont pas !... l'astuce ! l'astuce ! l'invention ! un style qu'a l'air droit qui l'est pas !... qu'est *plus que droit* ! qu'est direct-nerfs... que le lecteur qui lit un livre il lui semble que quelqu'un lui lit dans sa propre tête... pas à l'oreille... direct dans sa tête... dans son soi intime !... [...] mais hein, retenez ! oubliez pas !... que pour votre métro émotif, pour ce trajet tout droit direct, en pleins nerfs il faut que vos rails aient l'air droits... qu'ils aient l'air et qu'ils le soient pas !... faut qu'ils aient subi votre traitement, votre technique, [...]

vous cassez vos phrases vos cadences comme vous cassez un bâton, la même chose ! juste ce qu'il faut, qu'il apparaisse droit votre bâton avant de le plonger dans l'eau, à ceux qui savent pas, dehors... le voient droit dans l'eau !... c'est une drôle d'astuce ! une technique !... » (*ibid.*, p. 587).

Si l'on ajoute à cela que Céline a repoussé avec horreur l'idée qu'il aurait pu dicter ses romans, on arrive en gros à ceci : ce qui est parlé ne peut être transcrit tel quel, sous peine de paraître mort ; il faut donc écrire des phrases qui donnent au lecteur l'illusion qu'elles sont parlées, de même qu'un bâton droit semblera brisé lorsqu'on le plonge dans l'eau tandis qu'un bâton brisé, mais brisé pour former un angle savamment calculé, semblera droit une fois enfoncé dans l'eau. Mais alors qui parle cette fausse parole ? La clef nous est donnée par des phrases comme : « j'embarque tout mon monde », « je fonce avec ; j'emmène tout le monde !... », et surtout dans la première rédaction : « que le lecteur qui lit un livre il lui semble que quelqu'un lui lit dans sa propre tête... » Ce n'est donc pas l'écrivain qui parle le texte, c'est le lecteur qui le parlera quand il lira le roman. Céline a fait de la lecture l'acte essentiel en littérature.

Les *Entretiens avec le professeur Y* ont été publiés certes en 1955, mais le procédé décrit est déjà en œuvre dans notre *Voyage au bout de la nuit*, ce qui fait de Céline sans doute le plus grand créateur du siècle dans la littérature, au moins en France. Nous sommes très loin du monologue intérieur : il ne s'agit plus de reproduire le flot de paroles qui dévale dans la tête d'un personnage, il s'agit de faire du lecteur un être qui se raconte à lui-même de faux souvenirs, un passé imaginaire. C'est pourquoi la lecture à haute voix d'un chapitre de Céline ne procure jamais le sentiment de convenance et d'adhésion que nous procure la lecture à voix basse : qu'on en fasse l'épreuve en écoutant Michel Simon ou Arletty nous débiter des passages du *Voyage* ou de *Mort à crédit* ; on se dit à l'audition qu'on ne saurait imaginer une diction plus juste, mais nous ne retrouvons pas notre plaisir de lecteurs à voix basse, nous qui ne saurions pas dire à haute voix ces textes. Céline est le premier en France à avoir bouleversé les rapports traditionnels de l'auteur et du lecteur par le truchement du personnage : il ne subsiste que moi, le lecteur, nommé Ferdinand Bardamu.

Un roman crié

Pour la première fois dans un roman français, ce qui se déroule, ce ne sont pas des événements, mais une suite de phrases. Il n'y a pas à se demander si les faits sont vrais ; ce qui est vrai et réel, c'est le monologue qui me fait revivre mon passé de Ferdinand Bardamu. Il n'y a plus une réalité et un récit de cette réalité, comme on nous demande de le croire quand on nous donne à lire un roman antérieur à *Voyage au bout de la nuit*. Nous n'avons plus affaire qu'à la suite de nos mots de colère, de joie ou de douleur qui constituent notre vie pendant que nous lisons. Un roman de Céline n'est pas une narration, mais un cri : la distance entre l'émotion et le mot est abolie.

Que le langage des romans céliniens soit immédiat, la meilleure preuve nous en est donnée par l'examen des insultes que le narrateur distribue dans son récit à ceux qui l'ont autrefois agressé. Voici un premier exemple : « ''Je leur raconterai plus rien à l'avenir !'' que je me disais, vexé. Je voyais bien que c'était pas la peine de leur rien raconter à ces gens-là, qu'un drame comme j'en avais vu un, c'était perdu tout simplement pour des dégueulasses pareils ! qu'il était trop tard pour que ça intéresse encore. Et dire que huit jours plus tôt on en aurait mis sûrement quatre colonnes dans les journaux et ma photographie pour la mort d'un colonel comme c'était arrivé. Des abrutis » (p. 32). Les deux injures, *dégueulasses* et *abrutis*, ne portent pas de jugement de valeur sur le caractère essentiel des hommes du régiment ; elles marquent seulement la colère et le dépit de celui qui revit sa colère et son dépit passés. Tournons deux pages ; ce que nous lisons est plus probant encore : « Il s'appelait Pinçon ce salaud-là, le commandant Pinçon. J'espère qu'à l'heure actuelle il est bien crevé (et pas d'une mort pépère) » (p. 36). Si l'on y regarde de plus près, le commandant Pinçon n'est pas un salaud : il n'agit que pour obéir au monstrueux égoïsme de son chef, le général ; mais Bardamu ne s'en prend pas au général, il déteste l'homme qui lui intime des ordres inhumains ; il n'est pas question de qualifier Pinçon, mais de faire éclater la fureur aveugle d'une bête traquée. Il n'y a là ni raison ni équité : on m'attaque, je suis en proie à la violence pour tenter de me défendre. Et si longtemps après je me rappelle que j'ai été attaqué, me voilà repris par la fureur et le besoin d'insulter.

On comprend pourquoi Céline a prétendu que tous les romans antérieurs aux siens sont, non pas des romans, mais des résumés de romans : l'auteur évoquait dans ses phrases les objets que le lecteur avait ensuite à imaginer, le texte n'était qu'un canevas abstrait. Que ce propos soit injuste ou non importe peu ; ce que Céline veut dire, c'est qu'un vrai roman n'évoque rien. Il est le déferlement torrentueux de notre discours quand nous repensons que nous avons commis la sottise de nous engager à la veille de la guerre dans un régiment de cavalerie, que nous avons vécu dans l'enfer de la bataille, que nous sommes partis pour l'Afrique, etc.

Il me semble donc tout à fait inutile de distinguer dans les romans de Céline divers niveaux d'écriture : les maximes de Bardamu moraliste, les récits, les descriptions, les dialogues rapportés, les jugements sur les hommes et les événements ; tout est de plain-pied. Dès qu'on cherche à distribuer les éléments du texte en diverses classes, on entre dans des difficultés inextricables. Comment Céline a-t-il pu faire dire par un soldat tel mot savant ? De quel droit intervient-il dans une description pour en rendre l'objet grotesque ? Pourquoi encombre-t-il son récit de profondes réflexions philosophiques du genre : « On passe son temps à tuer ou à adorer en ce monde et cela tout ensemble » (p. 98) ? Peut-il se faire que l'évocation d'un malheur ou d'une souffrance soit à la fois chargée de colère comme si malheur et souffrance étaient présentement subis, et jugée avec détachement comme un objet de notre souvenir ? Ces problèmes, et d'autres, innombrables, sont insolubles. Et alors comment se fait-il que nous trouvions tant de plaisir à lire *Voyage au bout de la nuit* ? Tout, au contraire, est justifié dès que nous admettons qu'une seule voix parle du début à la fin, la nôtre, égrenant pour nous-mêmes des souvenirs encore brûlants.

De l'utilité d'écrire des romans

Ainsi il y a un bon usage du langage articulé. C'est celui qu'en fait l'écrivain. Les mots ne sont plus mensongers s'ils ne cherchent plus à traduire une réalité autre qu'eux-mêmes. Céline ne raconte rien, ne décrit rien, ne dépeint aucun sentiment et aucun état d'âme : des mots défilent dans la tête du lecteur, et il est incontestable qu'ils défilent, tel mot, puis tel autre, charriant un torrent de mensonges, d'injures, de pitreries et de sottises, charriant à la limite n'importe quoi. Les mots redeviennent une source de joie et le lecteur du *Voyage* est emporté par une énorme allégresse en dépit des atrocités que ces mots évoquent. Relisons une scène que nous avons déjà citée. Les trois soldats viennent d'apprendre la mort de la vieille dame dont le fils a été tué. Voici en entier un paragraphe dont nous avions donné des fragments : « On a pas pu s'empêcher de rigoler, Voireuse et moi, de ce malheur-là qui lui arrivait à lui Robinson. En fait de sale surprise, c'en était une, seulement ça nous rendait pas nos deux cents balles à nous non plus qu'elle soye morte, nous qu'on allait monter un nouveau bobard pour la circonstance. Du coup nous n'étions pas contents, ni les uns ni les autres » (p. 143). L'irréflexion des trois personnages leur rend une sorte d'innocence. On vit un instant après l'autre. Et c'est à ce moment qu'intervient une métamorphose due à l'écriture. Le dépit de Bardamu et des deux autres est devenu comique, et d'un comique gai.

Céline n'a jamais dit sérieusement pourquoi il écrivait. On peut se demander si son but n'a pas été d'introduire l'humour dans le monde. Pressés par l'urgence, les pauvres gens n'ont le temps de prendre aucun recul et tombent sans cesse dans les pièges qui leur sont tendus constamment. Mais il faudrait être bien sot pour ne pas s'apercevoir en y repensant qu'on a encore été dupé, ou qu'on s'est trompé, bref qu'on a été une fois de plus vaincu. Il est impossible de vivre avec humour ; c'est en me remémorant les événements que je prends assez de distance par rapport à moi-même pour me voir tel que je suis, léger personnage sans conséquence, que nul ne prend au sérieux ni en Afrique, ni à New York, ni dans la banlieue parisienne. Le simple fait de me raconter une scène la fait paraître pour ce qu'elle avait été, une farce. Et plus vivement j'aurai ressuscité le chatoiement ancien de mes passions instantanées, plus la distance entre l'événement et le récit que je m'en fais sera grande et génératrice de comique. Est-il besoin d'ajouter que si c'est un passé fictif que je me remémore, par exemple en lisant *Voyage au bout de la nuit*, la distanciation sera d'autant plus facile et l'humour plus sensible ? La gaieté n'est pas dans la vie, mais dans le texte littéraire, aussi naturellement incluse dans l'un qu'elle était impossible dans l'autre.

REPÈRES BIBLIOGRAPHIQUES

Il n'y a pas d'édition intégrale de l'œuvre de Céline. On trouvera des fragments de la correspondance publiés ici et là (par exemple, 313 lettres dans Pierre Monnier, *Ferdinand furieux*). En outre, les trois pamphlets racistes n'ont jamais été réimprimés.

Œuvres de Céline

— Louis-Ferdinand Céline, *Œuvres* (5 vol. reliés, préface de Marcel Aymé, notes de Jean-A. Ducourneau, illustrations de Claude Bogratchew, André Balland, Paris, 1966 à 1969). Cette édition contient les livrets de ballets et les écrits médicaux, ainsi que de nombreux documents.
  La Flûte de Pan et Le Mercure de France ont publié quelques textes inédits.
— Louis-Ferdinand Céline, *Romans* (3 vol., présentation d'Henri Godard, Gallimard, coll. Bibliothèque de la Pléiade).
— Tous les romans sont également disponibles dans la collection Folio, Gallimard.

Approche de Céline

— Marc Hanrez, *Céline* (Gallimard, « Pour une bibliothèque idéale », 1969).
— Pol Vandromme, *Louis-Ferdinand Céline* (Classiques du XXᵉ siècle) (Éditions universitaires, 1963).

Témoignages

— Robert Poulet, *Entretiens familiers avec L.-F. Céline* (Plon, 1958).
— Henri Mahé, *La Brinquebale avec Céline, Cent lettres inédites* (La Table ronde, 1969).
— Milton Hindus, *L.-F. Céline tel que je l'ai vu* (L'Herne, 1969).
— Robert Poulet, *Mon ami Bardamu, Entretiens familiers avec L.-F. Céline* (Plon, 1971).
— Frédéric Vitoux, *Bébert, le chat de Louis-Ferdinand Céline* (Grasset, 1976).
— Pierre Monnier, *Ferdinand furieux* (L'Age d'homme, 1979).
— Albert Paraz, *Valsez, saucisses* (Slatkine, 1981).
— Pol Vandromme, *Du côté de Céline* (Bruxelles, La Revue célinienne, 1983).
— Pol Vandromme, *Marcel, Roger et Ferdinand* (Bruxelles, La Revue célinienne, 1984).

Documents divers

- L'Herne, Cahier n° 3, *Louis-Ferdinand Céline* (Paris, 1963).
- L'Herne, Cahier n° 5, *Louis-Ferdinand Céline II* (Paris, 1965).
   Ces deux cahiers ont été repris dans :
- Cahiers de l'Herne, *Louis-Ferdinand Céline* (Pierre Belfond, Poche-Club, n° 60, 61, 62, 1968).
- Cahiers Céline (Gallimard, à partir de 1976, 8 cahiers parus). (Il s'agit surtout d'inédits et de correspondances.)

Biographie*

- François Gibault, *Céline* (3 vol., Mercure de France, 1977, 1985 et 1981) (le 2e volume a paru en dernier).

Essais littéraires

   La Société des études céliniennes publie un bulletin intérieur. (Siège : 5, rue Sébastien Bottin, Paris VIIe.)
- Albert Chesneau, *Essai de psychocritique de Louis-Ferdinand Céline* (Archives des Lettres Modernes, 129, 1971).
- Erika Ostrovsky, *Céline, le voyeur voyant* (Buchet/Chastel, 1973).
- Jean-Pierre Richard, *Nausée de Céline* (Fata Morgana, 1973).
- André Smith, *La Nuit de Louis-Ferdinand Céline* (Grasset, 1973).
- Philipp Stephen Day, *Le Miroir allégorique de L.-F. Céline* (Klincksieck, 1974).
- Frédéric Vitoux, *L.-F. Céline, Misère et parole* (Gallimard, 1973).
L.-F. Céline 1, Pour une poétique célinienne (textes réunis par Jean-Pierre Dauphin) (*La Revue des Lettres modernes*, n° 398-402, 1974).
   Cette livraison contient un *Index des travaux universitaires* (c'est-à-dire des thèses non éditées).
- *Les Critiques de notre temps et Céline*, présentation de Jean-Pierre Dauphin (Garnier, 1976).
- Frédéric Vitoux, *Céline* (Belfond, 1978).
- Philippe Muray, *Céline* (Le Seuil, « Tel Quel », 1981).
- Denise Aebersold, *Céline, un démystificateur mythomane* (Les Lettres modernes, 1979).
- Dominique de Roux, *La mort de L.-F. Céline* (Christian Bourgois, 1983).
- Anne-Marie Damour, *Louis-Ferdinand Céline, Voyage* (Presses universitaires, 1983).
- Henri Godard, *Poétique de Céline* (Gallimard, 1985).

(*) On trouvera des éléments de bibliographie dans presque tous les ouvrages cités, en particulier dans les numéros de *L'Herne* et dans le manuel de Hanrez.

– Maurice Bardèche, *Louis-Ferdinand Céline* (Paris, La Table ronde, 1986).
– Philippe Almeras, *Les idées de Céline* (Paris, Université de Paris 7, 1987).
– Jane Isabelle Carson, *Céline's imaginative space* (New York, P. Lang, 1987).
– Pierre Verdaguer, *L'Univers de la cruauté* (Genève, Droz, 1988).

Langue et écriture

– Jean Guenot, *Louis-Ferdinand Céline damné par l'écriture* (Diffusion M.P., Paris, 1973).
– Yves de la Quérière, *Céline et les mots* (Lexington University Press of Kentucky, 1973).
– Albert Chesneau, *La langue sauvage de Louis-Ferdinand Céline* (Essai de stylistique thématique) (Lille, Service de reproduction des thèses de l'université, 1974).
– *L.-F. Céline 2, Écriture et esthétique*, sous la direction de Jean-Pierre Dauphin (*La Revue des Lettres modernes*, 462-467, 1976).
– Paul A. Fortier, *« Voyage au bout de la nuit ». Étude du fonctionnement des structures thématiques : le « métro émotif » de L.-F. Céline* (Lettres modernes, 1981).
– Isabelle Blondiaux, *Une Écriture psychotique, L.-F. Céline* (Nizet, 1985).
– Jean-Pierre Giusto, *Le champ clos de l'écriture* (Laforgue, 1985).
– Saint-John Perse, *Céline* (Valenciennes, Presses universitaires de Valenciennes).
– Ian Noble, *Language and narration in Céline's writings : The challenge of discord* (Basingstoke London : Macmillan Press, 1985).

Bibliographie

– Stanford L. Luce, *A Half-century of Céline : an annotated bibliography 1932-1982* (New York/London Garland, 1983).

INDEX DES THÈMES

V = thèmes paraissant dans *Voyage au bout de la nuit*.
P = thèmes paraissant dans le *Profil*.

Les chiffres renvoient aux numéros des pages du *Voyage* dans l'édition Folio et aux numéros des pages dans *Profil*.

Nous signalons par un astérisque (*) les rubriques qu'on peut retrouver dans *Céline en verve, Mots, Propos, Aphorismes*, présentation et choix de Claude Dubois, Pierre Horay, 1972. Ce petit manuel est un recueil de citations prises dans l'ensemble de l'œuvre de Céline et dans sa correspondance publiée. Ainsi on pourra élargir l'étude des thèmes aux écrits de Céline autres que *Voyage au bout de la nuit*.

Imprimé en France par l'Imprimerie Hérissey à Évreux (Eure)
Dépôt légal : Nᵒ 18576 – Décembre 2000 — Nᵒ d'imprimeur : 88519